拿课题 出专著

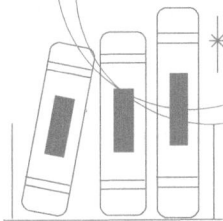

后期资助项目 申报一本通

老踏 著

人民邮电出版社

北 京

图书在版编目（CIP）数据

拿课题　出专著：后期资助项目申报一本通 / 老踏
著. -- 北京：人民邮电出版社，2025. -- ISBN 978-7
-115-66017-6

Ⅰ．C36

中国国家版本馆 CIP 数据核字第 2025552Q4A 号

内 容 提 要

　　面对科研赛道竞争日趋激烈、项目立项难度不断加大的现状，后期资助项目可以成为广大科研工作者实现立项的破局点。本书结合作者 3 次成功获批后期资助项目的经验，基于基础认知、申报准备、选题策划、申请书写作、申报成果写作和实战复盘六大板块，打造提高后期资助项目立项成功率的系统解决方案。

　　本书对于申报包括国家社会科学基金后期资助项目在内的各类后期资助项目、学术专著出版基金项目、优秀博士论文出版项目具有重要指导意义，也是撰写高质量学术专著的参考书。

◆ 著　　　　　老　踏
　　责任编辑　牟桂玲
　　责任印制　焦志炜

◆ 人民邮电出版社出版发行　　北京市丰台区成寿寺路 11 号
　　邮编　100164　　电子邮件　315@ptpress.com.cn
　　网址　https://www.ptpress.com.cn
　　固安县铭成印刷有限公司印刷

◆ 开本：720×960　1/16
　　印张：12.5　　　　　　　　　2025 年 4 月第 1 版
　　字数：251 千字　　　　　　　2025 年 11 月河北第 4 次印刷

定价：59.80 元

读者服务热线：(010)81055410　印装质量热线：(010)81055316
反盗版热线：(010)81055315

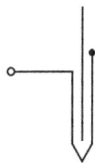

我对后期资助项目这个项目类别是非常有感情的。

我曾经申报过 4 次国家社会科学基金（以下简称"国家社科基金"）年度项目，但只有一次获批立项；而我申报的 2 次国家社科基金后期资助项目，都顺利获批立项了。我也曾申报过 7 次国家民委民族研究年度项目，但也只有一次获批立项；而我只申报过 1 次国家民委民族研究后期资助项目，就顺利获批立项了。

我想说的是，作为社科科研项目的一个重要类别，后期资助项目的优势可能被严重低估了。我挑几个相对重要的优势在这里介绍。

首先，后期资助项目的立项率远高于年度项目。国家社科基金后期资助项目的中标率远高于国家社科基金年度项目（一般项目、重点项目、青年项目和西部项目），教育部哲学社会科学研究后期资助项目的中标率远高于教育部人文社会科学研究一般项目（规划基金项目、青年基金项目、自筹经费项目、专项任务项目），在国家其他各部委的科研项目、省（区、市）的哲学社会科学规划项目、地级市（区、州）乃至各级各类科研院所和高校的哲学社会科学基金项目中，后期资助项目的中标率也都远高于其他类别的项目。

其次，退一步讲，就算没成功立项，申报后期资助项目的收获也远大于申报年度项目。申报年度项目若没有立项，我们就只能得到一份没中标的项目申请书；而申报后期资助项目即使没有立项，我们得到的也是一份基本完成的申报成果（书稿）！这一申报成果的用途可太多了——拆分之后，可以作为论文去期刊或者会议投稿，可以作为教案去讲课，可以作为专题去开设讲座，可以作为咨政报告去建言献策，可以作为学术专著去出版。总之就是，家中有"粮"，心里不慌，神清气爽。

再次，后期资助项目不设课题指南，也不规定重点研究领域，研究自由度远高于年度项目。以我的观察，目前似乎只有教育部人文社会科学研究一般项目（专项任务项目除外）有这么高的研究自由度，其他的年度项目要么设立课题指南，要么规定重点研究领域（如国家社科基金年度项目）。既然有课题指南和重点研究领域，申请人就或多或少要围绕它们来拟定课题名称，展开课题研究论证；而后期资助项目从设立之初就鼓励广大科研工作者自由进行理论研究和探索。简单来说，年度项目是命题作文或半命题作文，要完成规定动作；而后期资助项目是非命题作文，全是自选动作。

最后，后期资助项目会倒逼我们提升研究能力，获得学术成长。这个优势听起来有点虚，可研究能力的提升和学术成长的实现，恰恰是我们从事科研工作最需要的。想想看，为什么国家社科基金年度项目的一次立项率那么低，延期结项那么普遍？主要原因是申请者重申请轻结项，说白了就是当年画的饼太大，自己都无法去圆了。而后期资助项目是需要把这张大饼实实在在地烙出来。这可不是花拳绣腿，而是拳拳到肉的真功夫。为了申报后期资助项目，我们要就某个研究课题进行长期深入的思考和精耕细作，形成高质量研究成果。这个过程是实打实的"战斗"，会带来沉浸式成长。

总之，后期资助项目的优势可能被严重低估了。而一旦我们注意到这些优势，善用这些优势，就有可能找到实现获批立项的破局点，实现学术成长的逆袭和职业发展的超越。如果说这个世界正在奖励那些信仰积累的力量，潜心治学、扎实研究的科研工作者，那么后期资助项目就是兑现这种奖励的最好方式。

同时，对于后期资助项目优势的低估，不仅体现在科研体制内部，也体现在图书市场上。截至本书出版，市面上尚未出现专门介绍后期资助项目的图书，为提高申报后期资助项目中标率提供系统解决方案的图书更是处于空白状态。

正因为如此，结合我个人的申报经验来写这样一本书，为广大科研工作者提供有关后期资助项目的基础认知及申报策略、技巧与方法指导，从而系统提高申报后期资助项目的中标率，是一项非常有意义的工作。

如果你和当年的我一样，在申报国家社科基金年度项目的赛道上屡战屡败，又不甘心；如果你已经形成了稳定的研究方向，在某个基础研究议题上有了比较系统的思考而且已经付诸研究实践；如果你想剑走偏锋，拿下一个又一个科研课题项目，出版一部又一部高质量学术专著——那么请相信我，后期资助项目是你的绝佳选择，本书也将是助你实现梦想、取得成功的秘密武器。

老踏

2024 年 12 月 31 日于秦皇岛家中

目 录

第1章 基础认知

第2章 申报准备

第 5 章 申报成果写作

第 6 章 实战复盘

后记

第 **1** 章

基础认知

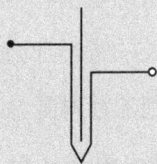

本章将对后期资助项目这一科研项目类别做简单介绍，帮你形成关于这一科研项目类别的基础认知。除了给出"是什么""怎样报"这类基本知识点，本章还将重点分析呈现后期资助项目和年度项目的异同，以及怎样判断自己是否适合申报后期资助项目。

1.1 什么是后期资助项目

用一句话来概括，后期资助项目是社科基金项目的主要类别之一，重点资助在社科类基础研究领域中形成的学术创新成果。

这句话可以从以下 3 个方面来理解。

第一，社科后期资助项目是社科基金项目的主要类别之一。

国家社科基金后期资助项目是国家社科基金项目的主要类别之一，与其他类别的国家社科基金项目具有同等学术地位。

教育部哲学社会科学研究后期资助项目是教育部人文社会科学研究项目的主要类别之一，与其他类别的教育部人文社会科学研究项目具有同等学术地位。

国家其他各部委的社科后期资助项目，以及各省（区、市）、地级市（区、州）乃至各级各类科研院所和高校的哲学社会科学基金项目，也是相应社科基金项目的主要类别之一，与其他类别的社科基金项目具有同等学术地位。

第二，社科后期资助项目重点资助社科类的基础研究。

从研究类型上看，可以把社科类的学术研究分为基础研究、应用研究、综合研究和其他研究 4 种，社科后期资助项目重点资助其中的基础研究。

第三，社科后期资助项目重点资助社科类的学术创新成果。

这是指，要想申报社科后期资助项目，提交的研究成果既要有学术性，也要有创新性（原创性）。

那么，提交的学术创新成果是什么呢？是一部（或者多卷本的）学术专著。

1.2 怎样申报社科后期资助项目

关于"怎么报"这个问题，我觉得可以概括为：看公告 / 通知。

这不是敷衍，因为没有其他材料比申报当年的各级各类社科后期资助项目的

申报公告 / 通知更靠谱和更具公信力。申报公告 / 通知里是怎样要求的，我们就怎样准备材料，怎样进行申报。

例如，我们想要申报的是国家社科基金后期资助项目，那么，打开全国哲学社会科学工作办公室的官网，在"通知公告"栏找到这个项目的申报公告，就可以获得"怎么报"的权威答案。就算还有不清楚的问题，也可以拨打咨询电话，相应电话号码一般放在申报公告的末尾。

申报其他各级各类社科后期资助项目也是同样的道理，我们要以相应项目的申报公告 / 通知为准。

如果是以博士学位论文或博士后研究报告为基础申报的，还需提供论文或研究报告的原文，以及一份修改说明。

如果是往年已经申报过后期资助项目的成果，还需提供一份修改说明。

以上材料如需提交纸质版，还要确保纸质版和电子版内容的一致性。

1.3 后期资助项目和年度项目的 6 点区别

只了解"是什么""怎么报"还远远不够，我们还要清楚后期资助项目和年度项目的区别，以对后期资助项目有更进一步的了解。下面以 2024 年的国家社科基金为例，介绍后期资助项目和年度项目的区别。

1.3.1 评审侧重点不同

先来看一下年度项目的情况。年度项目包括一般项目、重点项目、青年项目和西部项目等。申报年度项目有点类似于"拉赞助"，我们通过给评委介绍"我们打算研究什么问题"的方式来说服评委，从而获得科研经费的支持 (拉来赞助)。经费到位了，我们就可以开展这项研究了。

"拉赞助"的这个性质，让年度项目评审的侧重点落在选题、对选题的论证，以及开展这项研究的前期基础等方面。如果评委觉得你的这个选题非常有价值，论证也有板有眼，思路非常清晰、逻辑非常顺畅，然后你的前期基础打得很扎实，你也展示了你具备完成这项研究的能力，你获批年度项目的可能性就会大大提高。

再来看一下后期资助项目的情况。申报后期资助项目有点类似于"求收购"。也就是说，问题我们基本已经研究出来了，研究成果就摆在眼前，各位评委请做一个评估，看看该研究成果是否值得收购——是否批准立项，给予经费支持。而只要获批立项，获得经费支持，我们很快就能把完整的研究成果拿出来。

"求收购"的这个性质，让后期资助项目评审的侧重点落在研究成果上。正因为如此，我们在申报后期资助项目的时候提交的是学术成果，具体点说，就是一部（也有可能是多卷本的）书稿。能否获批立项，获得经费支持，主要是看这部书稿本身的质量。书稿本身的质量越高，"求收购"的难度就越小。

1.3.2 提交材料不同

在申报年度项目时，申请人须提交的材料有项目申请书和课题论证活页。需要注意的是，申请人须按要求把项目申请书和课题论证活页打印出来，连同它们的电子版一起提交。

在申报后期资助项目时，申请人须提交项目申请书、申报成果（完成 80% 以上的书稿）及申报成果的查重报告。就目前的情况来讲，申报后期资助项目不需要提交课题论证活页。

如果所提交的申报成果的字数超过 60 万字，那么还需提交一份申报成果概要。这份申报成果概要包含 2 万字左右的申报成果内容介绍，以及全书目录和参考文献。如果是以博士学位论文和博士后研究报告为基础来申报这个项目的，那么还需提交论文和研究报告的原稿，并附一份修改说明。

与此相联系，年度项目会发布课题指南（2024 年国家社会科学基金年度项目不再发布课题指南，但鼓励围绕重点领域开展深入研究），鼓励申请人结合个人研究专长，围绕课题指南设计研究选题，填写项目申请书和课题论证活页。而后期资助项目是不设立课题指南的。因此可以说，后期资助项目的选题自由度较高，更加鼓励申请人围绕个人的研究专长进行深度思考和拓展研究，给予申请人的研究以更高的包容性和弹性。

1.3.3 评审环节不同

年度项目的评审一般由省内初筛（甚至要先经过校内推优才能进行省内初筛）、通讯评审和会议评审 3 个环节构成，然后进行项目评审结果的公示。公示没有问题的，正式获批立项。

目前来看，后期资助项目的评审是没有省内初筛环节的，申报材料提交之后，直接进入通讯评审环节。通讯评审通过了的，就可以进入会议评审环节。会议评审通过了的，就进行项目评审结果的公示。公示没有问题的，正式获批立项。

可以发现，后期资助项目的评审环节对于广大科研工作者是非常友好的。只要我们申报后期资助项目，申报材料通过形式审查之后就可以直接进入通讯评审环节。这意味着对后期资助项目的竞争没有年度项目那样激烈。

然而从趋势上看，由于对年度项目的竞争日趋激烈，势必会有更多的科研工作者注意到后期资助项目，转而申报这个项目。而一旦后期资助项目的申报数量达到某个上限，省内初筛甚至校内推优就会随之启动。

所以，我在这里也做个提示：如果你有志于申报后期资助项目，可以尽快布局，做好规划。现在是申报后期资助项目的一个非常好的窗口期，但这个窗口期不会一直存在——目前教育部哲学社会科学研究后期资助项目就已经实行限额申报了。

1.3.4 立项率不同

先说年度项目。综合来看，年度项目的立项率一般为 13% 左右。这个立项率是由通讯评审和会议评审这两个环节的通过率共同决定的。目前来看，通讯评审的通过率一般是 25%，会议评审的通过率一般是 50%，两者相乘，就是

12.5%，约等于 13%。

需要特别注意的是，这个立项率并没有把校内推优、省内初筛这些环节的通过率也考虑进来。所以，从实际情况来看，年度项目的申报基数要远大于进入通讯评审环节的申报数量。这意味着年度项目的实际立项率会更低一些。

再来看一下后期资助项目的立项率。

首先，一个定性的判断是后期资助项目的立项率要远高于年度项目。

为什么呢？因为前面说过，到目前为止，后期资助项目是不需要进行校内推优和省内初筛的，申报材料只要通过形式审查，就可以直接进入通讯评审环节。

所以，和很多年度项目的申请人苦于自己的申报材料无法通过校内推优和省内初筛相比，后期资助项目有基础概率上的优势。

而且，后期资助项目的通讯评审和会议评审环节并没有年度项目那样严格。这是什么意思呢？就是说，如果通讯评审专家本着认真负责的态度，确实认为我们的申报成果还不错，那就可以直接给出"通过"的意见；如果会议评审专家也认为我们的申报成果质量达到立项要求，可以不考虑淘汰率而给出同意立项的意见。这里我还要再补充一个细节：如果通讯评审专家全票通过，会议评审专家也一致认为我们的申报成果确实优秀，那么，哪怕你申报的是一般项目，也有机会获批为重点项目。

怎么样，看出这里的"门道"了吧？目前来看，不仅后期资助项目的立项率远高于年度项目，而且立项的类别也有机会从一般项目升级为重点项目。

其次，如果进行一个定量的判断，2016 年后期资助项目的立项率是33% 左右。

为什么是 2016 年呢？因为只有在这一年，全国哲学社会科学工作办公室提供了当年后期资助项目的申报数量——1209 项，而当年的立项数量是 398 项。用立项数量除以申报数量，立项率就出来了。

我们还可以从全国哲学社会科学工作办公室发布的《国家社会科学基金年度报告（2021）》中找到定量的数据来支持这个观点。该报告显示，2017 年到 2021 年的国家社科基金后期资助项目立项率分别是 29.3%、28.0%、27.4%、24.7% 和 27.2%。2022 年和 2023 年的年度报告中未给出后期资助项目的申报数据，因此无法获知当年的立项率。

于是，申报后期资助项目又多了一个支撑理由。可以预计，随着时间的推移，注意到这个项目、申报这个项目的科研工作者会越来越多。相应地，立项率下降也会是一个长期的趋势。

1.3.5 批准经费及支出预算不同

先说年度项目。如果是重点项目，批准经费是 35 万元；如果是一般项目、青年项目和西部项目，批准经费是 20 万元。无论是重点项目还是一般项目，全国哲学社会科学工作办公室会预留 1 万元的经费作为项目结项的评审费用，其余经费拨付申请人所在单位。

在科研经费拨付到账之后，申请人须按《国家社会科学基金项目资金管理办法》编制经费预算——其实这项工作在填写项目申请书的时候就要做，只是获批立项之后，需要再做一次。

再来看一下后期资助项目的情况。如果是重点项目，批准经费是 35 万元，这个和年度项目是一样的；如果是一般项目，批准经费是 25 万元，比年度项目多 5 万元。此外，全国哲学社会科学工作办公室的预留经费也不一样。后期资助项目的预留经费是 6 万元——其中应该包含项目结项后的出版费用，其余经费拨付申请人所在单位。

接下来的一个重要区别是，科研经费拨付到账之后，后期资助项目的申请人是不需要编制经费预算的，因为从 2022 年开始，后期资助项目经费实行"包干制"。

这里的"包干制"，也就是按照《国家社会科学基金项目资金管理办法》规定的开支范围，自主决定资金的使用，不再限制直接经费与间接经费的比例。通俗来讲，就是只要符合《国家社会科学基金项目资金管理办法》规定的开支范围，把科研经费用于这个项目的研究之中就可以了。至于有多少经费属于直接经费和间接经费，以及直接经费中的业务费、设备费和劳务费各占多大的比重，不再做要求。

必须承认，后期资助项目的经费管理与使用对项目主持人而言是非常友好的，因为其使用科研经费的自由度提高了。

1.3.6　研究时限不同

对于年度项目，如果是基础研究，一般要在 3~5 年完成；如果是应用研究，一般要在 2~3 年完成。

后期资助项目则一般要在 1~2 年完成，最长不超过 3 年。这种研究时限上的差异其实很好理解：因为在申报后期资助项目的时候，已经完成了研究成果（书稿）的 70% 以上，所以在获批立项之后，只需要把剩余部分的书稿写完，再按照评审专家的意见对书稿内容进行修改完善，就可以申请结项了。这样看来，1~2 年完成研究的压力并不大。

也正因为如此，我见过第一年获批立项，第二年顺利结项，第三年再次获批立项另一个国家社科基金后期资助项目的情况。如果在基础研究领域有较为深厚的积淀，打出这种看起来不可思议的"闪电战"其实也算正常。

从理论上讲，甚至可以这个月获批立项，下个月就申请结项。但是放在年度项目那边来看，这就是不可能实现的幻想了。

画重点 ——➤

以国家社科基金项目为例，后期资助项目和年度项目有如下 6 个方面的区别。

1. 评审侧重点不同

年度项目是"拉赞助"，呈现"我打算研究什么"，因此更看重选题、论证和研究基础；后期资助项目是"求收购"，呈现"我已经研究出来了什么"，因此更看重书稿本身的质量。

2. 提交材料不同

年度项目设立课题指南或列出重点研究领域，须围绕课题指南进行选题，提交申请书和论证活页；后期资助项目不设立课题指南，提交申请书、书稿和书稿的查重报告，书稿字数超过 60 万字的，还需提交一份申报成果概要，以博士学位论文和博士后研究报告为基础申报的，还需提交论文和研究报告原稿，并附一份修改说明。

3. 评审环节不同

年度项目一般要经过省内初筛，然后进行通讯评审→会议评审→公示→立项；后期资助项目不需要省内初筛，直接进行通讯评审→会议评审→公示→立项。

4. 立项率不同

年度项目的立项率在 13% 左右，算上省内初筛等环节的话，立项率会更低；后期资助项目的立项率远高于年度项目，整体立项率应该在 33% 左右。

5. 批准经费及支出预算不同

年度项目中的重点项目的批准经费是 35 万元，一般项目的批准经费是 20 万元。全国哲学社会科学工作办公室预留 1 万元，其余经费拨付申请人所在单位。申请人须按《国家社会科学基金项目资金管理办法》编制经费预算。后期资助项目中的重点项目的批准经费也是 35 万元，一般项目的批准经费是 25 万元。全国哲学社会科学工作办公室预留 6 万元，其余经费拨付申请人所在单位，项目经费实行"包干制"，项目主持人不需要编制经费预算。

6. 研究时限不同

年度项目中基础研究的研究时限一般为 3~5 年，应用研究的研究时限一般为 2~3 年；后期资助项目的研究时限一般为 1~2 年，最长不超过 3 年。

1.4　后期资助项目申请书和年度项目申请书的几点差异

在 1.3 节没有谈及的是，申报年度项目和后期资助项目所使用的申请书也是不同的。鉴于这个区别比较重要，内容也比较丰富，就单列一节来讲。还是以国家社科基金项目为例，相较于年度项目，后期资助项目申请书最明显的特点在于它的填写工作量明显降低了，而且还不需要填写课题论证活页。具体而言，两者在申请书上的差异主要表现在 4 点，下面分别展开介绍。

1.4.1　封面信息和填写说明的差异

对于年度项目申请书的封面，需要先填写学科分类和项目类别，之后才填写课题名称；对于后期资助项目申请书的封面，需要直接填写成果名称，然后依次填写项目类别和学科分类。注意，后期资助项目是先填写项目类别、后填写学科分类的顺序，和年度项目不同。

为什么会这样？道理其实也好理解。既然后期资助项目的申报性质是"求收购"，那么"购买方"自然要先了解一下申请人希望被收购的成果是什么，申请人要开门见山地把这个成果名称展示出来。然后，为什么是项目类别在前、学科分类在后？因为重点项目和一般项目的批准经费是不一样的。把项目类别放在前面，更方便评审专家了解申请人对于批准经费的诉求和期待，然后以这个作为锚点来评估申请人的成果。

和年度项目申请书有 5 点填写说明不同，后期资助项目申请书只有 4 点填写说明。填写说明简化了，其实反映的是申请书填写的复杂度降低了，也是我在前面谈及的填写工作量明显降低的一个体现。

至于原因，说来说去还是这个道理：申请书的内容远没有申报成果本身重要。所以，"购买方"更看重的是成果本身的价值，申请书在本质上就是一份成果说明书而已，不必弄得太复杂、花哨。

1.4.2　数据表的内容差异

在数据表里需要填写的信息及填写信息的顺序方面，后期资助项目和年度项目也有很大的差别。如果你感兴趣，可以各找来一份年度项目申请书和后期资助项目申请书进行比对。这里我只提其中几个比较重要的差异。

例如，在 2024 年后期资助项目申请书的数据表里有一栏是"是否已申请 2024 年国家社科基金各类项目"，这一栏一定要如实填写：申请了，就填写"是"；没申请，就填写"否"。之所以要特别强调这一栏，是因为现在都是在申报系统上填报和上传的，是否已申请同一年度的国家社科基金年度项目其实是非常容易核实的。

所以，不要有侥幸心理，因为顾虑同时申报年度项目和后期资助项目对申报有影响，就填写一个"否"字来蒙混过关。事实上，从目前的情况来看，就算在同一年度同时申报年度项目和后期资助项目，也不影响评审乃至立项——只要不是同一个选题就可以。我身边就有人在同一年既获批立项了年度项目，也获批立项了后期资助项目。

这里的启示在于，如果你真的研究得比较深入，前期基础打得非常好，时间精力也都充足，不妨考虑一下用两个不同的选题来兼报同一年的年度项目和后期资助项目。我觉得当前是一个难得的窗口期，因为也许再过几年，就不再允许这样兼报了。

我还要提一下关于"本成果受过何种资助"这一栏的填写。如果当前成果已经得到国家社科基金的资助，即当前书稿就是你承担的某个国家社科基金项目的研究成果，那这项成果是不符合申报条件的。

如果你填了"无"并顺利中标，那么无论是在项目公示期间被人举报，还是在未来的某一天被人举报，这个项目都会被撤销，你也会被全国哲学社会科学工作办公室通报批评。所以科研工作者一定要爱惜自己的羽毛，恪守学术伦理，不为一时一事争强好胜、急躁冒进，而是要以学术为志业，做一个长期主义者，追求终身成长。

1.4.3 用"申报成果介绍"替代"课题设计论证"

前面我提到的后期资助项目申请书的填写工作量明显降低，主要就体现在用"申报成果介绍"替代"课题设计论证"这一点上。

其原因在于：一方面，后期资助项目申请书用"申报成果介绍"替代了年度项目申请书里的"课题设计论证"，"介绍"显然要比"论证"更容易，写作难度降低了；另一方面，"申报成果介绍"的填写提示里写着"此栏目不超过4500字"，这也明显要比完成年度项目课题论证活页里的"总字数不超过7000字"的写作任务轻松。

要知道，年度项目课题论证活页的填写提示里写的是，除了"研究基础"外，其他内容要与申请书的"课题设计论证"的内容相一致。这就意味着，年度项目申请书的课题设计论证的篇幅是要超过7000字的。

通过这样的比较，相信你已经对后期资助项目申请书的"填写工作量"有一个判断了。对后期资助项目的申请而言，申请书的填写并不是最重要的，因此，实际需要投入的工作量并不大也就好理解了。

以我为例，我一般会在研究成果（书稿）的写作中投入至少一整年的时间，而对于填写这份申请书，一周的时间就足够了。

至于后期资助项目申请书的具体内容该如何填写、"申报成果介绍"部分该如何把握的问题，我将在第4章"申请书写作"中进行专门介绍。

1.4.4 申请书里的其他差异

和年度项目申请书相比，后期资助项目申请书里多出整整一张关于"相关项目及成果"的表格。年度项目申请书里是没有这张表格的，相应内容是写在"研究基础"中的，并且规定只能列举申请人的 5 篇代表作。

而在后期资助项目申请书的这个部分，不仅没有列举代表作数量的限制，还要求申请人把"本人承担过的国家级基金项目、教育部各类项目及中国社科院创新工程项目""本人历年已出版的直接相关著作""本人近两年内发表的相关论文"都悉数填写。如果填写不下，还可以自行加行、加页。

相信读到这里，你一定看出了"门道"——相较于年度项目，后期资助项目的评审对申请人的前期研究积累非常看重。

再者，和年度项目申请书相比，后期资助项目申请书里还有一张专门的"出版社推荐意见"表格，要求"出版单位须按照推荐条件，认真审读申报成果，对成果的学术质量作出实事求是的评价。一旦推荐，须承担信誉责任"。这意味着项目申请人如果能够提前联系出版社，获得出版社的推荐意见，应该能为项目申报加分。

需要注意的是，这个"出版社推荐意见"并不是必填项，只是可填项。也就是说，如果有可能、有机会拿到出版社的推荐意见，当然好；没来得及或者没去做这方面的工作，也没关系。我个人两次获批立项国家社科基金后期资助项目，在申请的时候都没有获得出版社的推荐意见。因此，我们可以把获得出版社的推荐意见理解成锦上添花，而不要把它当成不可或缺的步骤。

画重点 ————————————————————————————➤

以国家社科基金项目为例，和年度项目申请书相比，后期资助项目申请书最明显的特点在于它的填写工作量明显降低，而且还不需要填写课题论证活页。

后期资助项目申请书填写的重头戏是要完成一份不超过 4500 字的"申报成果介绍"。此外，后期资助项目非常看重申请人的前期研究积累。

如果申报成果（书稿）能获得出版社的推荐意见更好。但这个推荐意见仅能起到锦上添花的作用，不是必需的，能否获批立项关键要看申报成果的质量。

1.5 怎样判断自己是否适合申报后期资助项目

《孙子兵法·谋攻篇》里讲: "知彼知己者,百战不殆。" 当申请人了解了后期资助项目 "是什么" "怎么报",也对后期资助项目和年度项目之间的区别,包括申请书填写方面的差异,有了把握之后,等于是把 "知彼" 这件事完成了。接下来,申请人还得做 "知己" 的工作,让 "知彼知己" 形成闭环。在我看来,回答本节提出的 4 个问题,可以帮助申请人完成 "知己" 的工作——评估自己是否适合申报后期资助项目。

1.5.1 我符合后期资助项目的申报条件吗

在各级各类社科后期资助项目的申报公告/通知里,都会明确给出申报条件。对这些条件加以区分,可以发现:其中一部分是保障性条件,另一部分是限制性条件。理论上,只要符合后期资助项目的申报条件就可以进行申报。

还是以 2024 年国家社科基金后期资助项目为例来说明这个问题。为方便起见,我先把保障性条件和限制性条件以列清单的方式呈现出来,然后再做具体讨论。

申报国家社科基金后期资助项目的保障性条件如下。

1. 申请人须遵守中华人民共和国宪法和法律,坚持正确的政治方向、价值取向和学术导向,遵守国家社科基金有关管理规定;独立开展研究工作,学风优良;具有副高级以上(含)专业技术职称(职务),或者具有博士学位。支持具有长期学术积累的退休科研人员积极申报。

2. 申请人所在单位应设有科研管理部门,能够提供开展研究的必要条件并承诺信誉保证。申请优秀博士论文出版项目,如申请人所在单位无科研管理部门,可委托博士学位授予单位进行申报和管理。

3. 申报后期资助项目的成果需完成 80% 以上。以博士学位论文、博士后研究报告为基础申报的，论文或报告完成日期应为三年以前（答辩日期为 2021 年 6 月 30 日之前），并在原论文或报告基础上进行实质性修改，且增删、修改内容篇幅达到原论文或报告字数的 30% 以上。

申报国家社科基金后期资助项目的限制性条件如下。

1. 申请人承担的国家社会科学基金项目、国家自然科学基金项目及其他国家级科研项目尚未结项（结项证书标注日期在 2024 年 8 月 31 日之前）。

2. 属于国家社科基金项目、国家自然科学基金项目及其他国家级科研项目、教育部人文社会科学研究各类项目的研究成果。

3. 成果内容涉及国家秘密。

简单来讲，对照这两份清单，你就能判断自己是否符合国家社科基金后期资助项目的申报条件了。

我在这里还想重点说明两点。

第一点是，这里所说的保障性条件不是保障申请人的，而是为这个项目的申请设立一个屏障，确保没有人浑水摸鱼。换句话说，它为后期资助项目的申请设置了门槛，你只有达到保障性条件的这些要求才可以申报。

第二点是，即使达到了保障性条件的要求，还是要再看看你是否被限制性条件"拒之门外"。公允地讲，限制性条件的设置是非常有必要的——既能保证项目申报的公平公正，也能保证项目不会对国家安全构成潜在威胁。

1.5.2 我要申报的成果属于基础研究吗

如前文所述，后期资助项目是明确规定只资助"基础研究"的。所以从理论上讲，不属于基础研究的成果是不符合后期资助项目的申报要求的。

因此，你就得认真思考一下什么叫基础研究了。按照《国家社科基金后期资助项目申报问答》（2018 年 3 月修订）中的官方定义：

> 基础研究，一般指侧重于探索和认识事物本质特征、运动规律及发展趋势的学理性研究。

现在，你得对照这个基础研究的官方定义来问问自己："我要申报的研究成果究竟属不属于基础研究的范畴？"如果答案是否定的，那你就不能用该研究成果去申报后期资助项目。

当然，这也给了你一个重要的提醒：要努力让你的申报成果属于基础研究的范畴。这就要求你追问自己："我现在完成（将要完成）的这个研究成果能否转化为一个基础研究的成果？"

我还要在这里补充一个好消息，从近年来获批立项的国家社科基金后期资助项目名单来看，其实已经有一些"不像"基础研究的项目名称。例如：

- 语料库与数据科学应用研究　　　　　　　　　（2021 年获批立项）
- 积极老龄化视阈下的城市老年人数字媒体使用实证研究

　　　　　　　　　　　　　　　　　　　　　（2021 年获批立项）
- 城市综合管廊智慧监管关键技术及应用　　　　（2021 年获批立项）
- 青少年网络舆情的大数据预警体系与引导机制研究（2022 年获批立项）
- 关中方言主要特点调查研究　　　　　　　　　（2022 年获批立项）
- 生态文明建设背景下我国水污染治理绩效审计评价体系构建与应用研究

　　　　　　　　　　　　　　　　　　　　　（2023 年获批立项）
- 语言经济学视域下汉语数字化推广应用的经济学价值及实证研究

　　　　　　　　　　　　　　　　　　　　　（2023 年获批立项）

怎么样？是不是这些获批立项的项目名称，能让更擅长应用研究、综合研究或者其他研究的你看到希望，有一种跃跃欲试的感觉？

1.5.3　我愿意为了一个不确定的未来而写出一部书稿吗

问这个问题是想让你审视一下自己，为了申报这个项目，你打算投入多少心血。值得注意的是，年度项目在前期所耗费的精力，也就是写一份申请书和一份课题论证活页而已；而想要完成一部动辄要几十万字的书稿，所需耗费的时间精力是远超年度项目的。这也是为什么年度项目的申报总是人满为患，而后期资助项目虽然肉眼可见立项率更高，但申报的人相对较少。

那么，你愿意下笨功夫，肯花费心血，在明知道获批立项是一个小概率事件的情况下，去完成一部书稿吗？

1.5.4　我能保证这部书稿的完成质量吗

还有最后一个问题需要你回答——鉴于后期资助项目对申报成果（书稿）的质量要求是非常高的，你能保证这部书稿的完成质量吗？

看一看近年来各级各类后期资助项目的申报公告或通知中是怎么说的。

《2024 年国家社会科学基金后期资助暨优秀博士学位论文出版、优秀学术著作再版项目[①] 申报公告》中指出：

> 国家社科基金后期资助项目、优秀博士学位论文出版项目和优秀学术著作再版项目旨在鼓励广大哲学社会科学工作者弘扬优良学风，潜心治学，扎实研究，努力推出和打造具有学术创新价值和传承意义的精品力作，培养一批优秀青年学者，充分发挥国家社科基金在繁荣发展哲学社会科学中的示范引导作用。

《教育部办公厅关于 2024 年度教育部哲学社会科学研究后期资助项目申报

---

① 目前全国哲学社会科学工作办公室是把国家社科基金后期资助项目和优秀博士学位论文出版项目放在一起进行申报和评审的，因此每次发布项目申报公告时也把这两个项目放在一起。

工作的通知》中指出：

> 后期资助项目是教育部人文社会科学研究项目主要类别之一，旨在鼓励高校教师厚积薄发，加强基础研究，勇于理论创新，推出精品力作。

《国家民委办公厅关于申报 2024 年度国家民委民族研究后期资助项目的通知》中指出：

> 主要资助紧紧围绕铸牢中华民族共同体意识这条主线，对民族领域基础理论与重大现实问题深入研究的成果。

怎么样？相信你已经可以感受到，后期资助项目对于申报成果的质量要求是非常高的。因此，保证书稿的完成质量，也是需要进行重点评估的一个维度。如果说第三个问题——"我愿意为了一个不确定的未来而写出一部书稿吗？"——是态度问题，那么这里的这个问题——"我能保证这部书稿的完成质量吗？"——就是能力问题。态度端正、能力过硬，才能真正具备申报后期资助项目的条件。

不过，看到这里你也不必焦虑，因为本书接下来的内容能帮你逐条逐项扫清申报后期资助项目的障碍。

现在，请跟上我的节奏，继续往下读。

画重点

怎样判断自己是否适合申报后期资助项目呢？可以问自己以下 4 个问题。

- "我符合后期资助项目的申报条件吗？"
- "我要申报的成果属于基础研究吗？"
- "我愿意为了一个不确定的未来而写出一部书稿吗？"
- "我能保证这部书稿的完成质量吗？"

第 2 章

申报准备

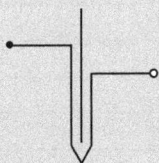

　　掌握了后期资助项目的"基本知识点"，形成了"知彼知己"的认知闭环，是不是就可以申报这个项目了呢？在我看来，这么做还是有点草率。有云："宁可备而不战，不可无备而战。"我强烈建议你在申报项目之前，全面梳理个人研究过程，系统了解学术界研究进展，做好项目申报的文献准备和身心准备。本章，我就来谈谈这些申报准备工作。

2.1 全面梳理个人研究过程

全面梳理个人研究过程，是申报后期资助项目的第一步。当然，对申报其他各级各类的科研项目而言，这一步也不可或缺。那么，怎样全面梳理个人研究过程呢？可以从回答做过什么、在做什么、能做什么这个"问题链"入手，完成这个后期资助项目申报的"规定动作"。

2.1.1 为什么要全面梳理个人研究过程

在申报后期资助项目之前，为什么要对个人研究过程做全面的梳理呢？因为不梳理是不行的，在各级各类后期资助项目的申请书中，都明明白白、清清楚楚地设置了一个关于系统呈现申请人前期研究积累的板块，这个板块需要据实填写。

例如，在 2024 年国家社科基金后期资助项目申请书中，有一张关于"相关项目及成果"的表格需要申请人填写，如图 2-1 所示。

这张表格包括 3 个

二、相关项目及成果

本人承担过的国家级基金项目、教育部各类项目及中国社科院创新工程项目					
序号	项目名称	项目类别	编号	是否结项	是否出版

本人历年已出版的直接相关著作		
序号	著作名称	出版社及出版时间	与申报成果有无重复及比例

本人近两年内发表的相关论文		
序号	论文名称	发表期刊	时间

图 2-1 国家社科基金后期资助项目申请书中的"相关项目及成果"表格

方面的内容:

（1）本人承担过的国家级基金项目、教育部各类项目及中国社科院创新工程项目;

（2）本人历年已出版的直接相关著作;

（3）本人近两年内发表的相关论文。

怎么样, 是不是瞬间就有了满满的压迫感?

以图 2-1 中的这张表格为例, 它由上、中、下 3 个部分构成。表格上面的部分, 需要列出申请人本人承担过的国家级基金项目、教育部各类项目及中国社科院创新工程项目。如果有, 就要把项目名称、项目类别、编号、是否结项、是否出版的信息列出来。表格中间的部分是申请人本人历年已出版的直接相关著作。如果有, 也要列出来, 包括著作名称、出版社及出版时间。同时, 还要列出出版的这本著作与我们现在申报这个项目的成果之间有无重复及重复的比例。表格下面的部分是申请人本人近两年内发表的相关论文。如果有, 就要把论文名称、发表期刊及发表时间一一列出来。

所以, 被设置在各级各类后期资助项目申请书中的这个板块就决定了申请人确实得全面梳理一下个人研究过程。

除此之外, 要全面梳理个人研究过程还有一个更重要的原因, 那就是拟申报成果（书稿）其实就隐藏在这个梳理过程中。

个人认为, 回答 3 个问题——我做过什么、我在做什么及我能做什么（为了增加未来的申请人, 也就是此时此刻正在阅读这本书的你, 对这 3 个问题的代入感, 我特意在各个问题前面加上了"我"字）, 可以帮你厘清思路, 锁定自己可以做一项怎样的研究、写出一部怎样的书稿的答案。而这个答案就是你申请后期资助项目的基础。

2.1.2 第一个问题：我做过什么

这里面，既包括申请人从事的研究、申请人出版的专著，也包括申请人发表的论文，尤其是近两年之内发表的论文。梳理"我做过什么"，其实是在考察申请人的前期科研成果积累是否已经让申请人具备了申请后期资助项目的能力。

扎实的、厚重的、强相关的前期科研成果积累，会是申请人申报后期资助项目的加分项。拥有研究基础的好处在于，它能确保申请人不是从零开始的。反之，如果缺乏研究基础，没有前期的积累，在填写前面那张表格的时候申请人就会比较尴尬，同时也意味着，申请人就只能依靠书稿本身来征服项目评审专家了，无论如何，难度系数都提升了。

回答"我做过什么"这个问题的启示是什么？你要努力在做项目申报准备的过程中多积累前期科研成果。这样一来，你才能在填表的时候，确实有内容可填，才能让自己的研究基础真正可以有效支撑项目的申报。

从这个意义上说，对于后期资助项目申报的准备工作，你可能要在两三年前甚至更久之前就开始布局谋划。然后，你要在申报成果的研究领域之内持续地耕耘和产出。这样才能让你的项目申报事半功倍，取得成功。

2.1.3 第二个问题：我在做什么

这个问题问的是，你正在从事一项关于什么议题的研究。尤其是要审视一下正在从事的这项研究的成果有无可能用书稿的形式呈现。

如果有可能，你就尽量用书稿的形式来呈现自己的研究成果。因为你的研究成果一旦可以用书稿的形式呈现，在形式上也就满足了后期资助项目对于申报成果的基本要求——一部书稿。

接下来的问题是，你正在做的这项研究有无可能成为一项基础研究？是的，这也是在对标后期资助项目，因为这个项目类别倾向于资助基础研究。如果你做的明显是应用研究，恐怕就不符合后期资助项目申报的要求了。所以，你还得继续考虑，自己目前做的这项应用研究能否转化为一项基础研究？如果有这样的可能性，将应用研究转化为基础研究是值得你思考和实践的——毕竟调整转化要比另起炉灶成本低、效率高。

最后你还要追问自己，你正在从事的这项研究有无可能具有学术创新价值，能否形成一部具有学术传承意义的创新之作？当然，随着讨论的不断深入，你的疑问可能也会越来越多——为什么就非要有这样的一系列追问呢？

这是因为，如果你翻看近年来各级各类后期资助项目的申报公告、通知、管理办法等文件就会发现，后期资助项目所要资助的就是这样的成果。这种导向是稳定的、持续的。

例如，《河北省社会科学基金项目管理办法》（2021 年 11 月修订）指出：

> 后期资助项目主要资助哲学社会科学基础研究领域先期没有获得相关资助、研究任务基本完成、尚未公开出版、理论意义和学术价值较高的研究成果。

你细细品味，这些话说的是不是前面追问的那几个问题的意思？

总之，能否用书稿呈现，是否属于基础研究，以及能否具有学术创新价值和传承意义——这 3 个方面的问题是你要追问自己的。然后，你要努力使自己正在做的这项研究朝项目申报公告对成果定性要求的方向靠拢。这样一来，你也就为自己积累了申报后期资助项目的资本。

2.1.4 第三个问题：我能做什么

你可能会说："我现在做的这项研究很难用一部书稿的形式来呈现，它更适合用系列论文的形式来呈现，或者它就是一项应用研究，更适合用调研报告的形式来呈现，而且我也不知道怎样才能把它转化成基础研究，让它具有学术创新价值和传承意义。那该怎么办呢？"

我的建议是，那就接着往下做。也就是说，基于你已经做过的、正在进行中的这些研究，继续往下思考："我能在目前这些研究的基础之上，再来做一项怎样的研究，从而让研究成果能达到以下要求：（1）是用书稿的形式来呈现的；（2）是一项基础研究；（3）具有学术创新价值和传承意义。"

当你用这样的方式来梳理研究成果和追问自己的时候，基本也就能锁定"我该做一项怎样的研究"的答案了。然后，你就围绕着这个答案展开研究，策划书稿的写作框架和章节布局，努力提高书稿的写作质量。最后，努力完成书稿的写作。

于是到了某一天，你就可以用这部书稿去申报后期资助项目了。是的，申报后期资助项目就是这样的一个过程。

画重点 ————————————————————▷

全面梳理个人研究过程是申报后期资助项目的第一步。为了全面梳理个人研究过程，我们需要问自己3个问题，明确申报选题及写作方向。

第一个问题是"我做过什么"，这个问题的答案可以让我们获得研究经验的加持和研究成果的支撑，确保自己不是从零开始的。

第二个问题是"我在做什么"，这个问题可以倒逼我们思考，我们正在做的这项研究有无可能用书稿的形式呈现，能否成为一项基础研究，以及能否具有学术创新价值和传承意义？如果能，就去这么做。

第三个问题是"我能做什么"，即问自己，基于以往和现在的研究经历，我能做一项什么研究，并确保这项研究能用书稿的形式呈现，能成为一项基础研究，能具有学术创新价值和传承意义。得到答案之后，就可以开始写作。

2.2 系统了解学术界研究进展

在完成全面梳理个人研究过程的步骤之后，你还要对学术界的研究进展进行系统的了解。这个准备工作有点类似于写学位论文的开题报告时必须做的"研究综述"，其质量好坏，对于下一步确定申报后期资助项目的选题具有非常重要的影响。在我看来，把握研究现状、了解立项情况是系统了解学术界研究进展的基础；而站在本学科研究领域的前沿，则是系统了解学术界研究进展的目的。

2.2.1 为什么要系统了解学术界研究进展

相信看完本书第 1 章的内容，对于这个问题，你已经有答案了。是的，后期资助项目对于申报成果（书稿）的质量要求是比较高的，而要想让申报成果的质量达标，一个最基本的要求就是"不能重新发明轮子"。

如果你洋洋洒洒地完成了一部二十几万字的书稿，而无论是它的研究议题、主要观点还是研究结论，都是学术界早已达成的共识，甚至已经写进了教科书，那么很遗憾，你基本上就是在做一件"重新发明轮子"的工作。想想看，各级各类的后期资助项目会愿意资助一项"重新发明轮子"的研究吗？

因此，为了避免掉进如此明显的坑里，最佳策略就是系统了解学术界研究进展。

此外，系统了解学术界研究进展还有一个明显的好处，那就是它会帮你站在学术界研究的前沿。

在之前的讨论中，我反复强调后期资助项目重点资助那些在社科类基础研究领域中形成的学术创新成果，而提交的申报成果是具有学术创新价值和传承意义的学术专著。《国家社科基金后期资助项目申报问答》（2018 年 3 月修订）在回答"申报成果的条件是什么？"的时候，也指出：

申报成果应坚持正确的政治方向，学术上具有原创性或开拓性，达到本学科领域先进水平。

把这些信息综合起来，基本就能发现系统了解学术界研究进展的建设性意义了：无论是想让申报成果具有学术创新价值和传承意义，还是具有原创性或开拓性，或是达到本学科领域先进水平，能确保做到这些的底气都只能来自系统了解学术界研究进展。

为此，你得把握学术界研究现状。只有把握学术界研究现状，你才能知道自己的申报成果是否具有原创性或开拓性，以及它是否达到本学科领域先进水平。

进而，你还得去了解立项情况。例如，已经立项的那些申报成果，注意到了哪些领域的什么问题？还有哪些领域的什么问题目前还没有人做过研究？这些尚未被注意到的领域和问题是否可以成为你的主攻方向，让你就此写出一部书稿？

而当你很好地完成了这两项工作，对本学科领域的前沿在哪里，基本就能得出结论了。也只有当你确切地知道本学科领域的前沿在哪里时，你才有机会站在那里。

因此，把握学术界研究现状，了解立项情况，可以帮你系统了解学术界研究进展，而系统了解学术界研究进展，则是你确信自己能站在本学科研究领域前沿的最大底气，如图 2-2 所示。

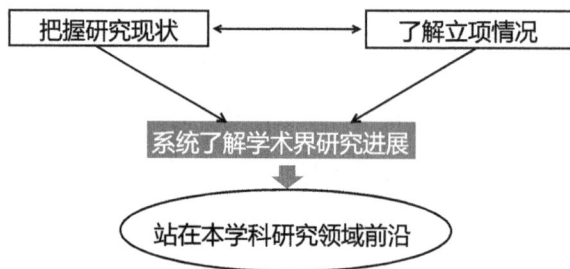

图 2-2 系统了解学术界研究进展的关系图示

2.2.2 怎样把握学术界研究现状

我们可以从以下 4 个方面开展工作。

第一，进行学术文献数据库的在线检索。

要想把握学术界研究现状，对中外学术文献数据库进行在线检索是最为基础和必要的工作。如果是中文学术文献（尤其是期刊论文），中国知网、万方数据知识服务平台都是不错的选择；如果是外文学术文献，Library Genesis、JSTOR、Springer Link、SAGE Full-Text Collections（简称 SAGE）等也各有优势。

通过学术文献数据库的检索，可以方便快捷且直观地了解学术界研究的现状：数量上，值得关注的是年度发文趋势的变化；质量上，那些新近发表在 CSSCI[①]、SSCI[②] 上的论文，以及拥有高被引频次的论文值得重点关注。

鉴于对学术文献数据库进行在线检索是从事学术研究的基本功，市面上专门介绍学术文献数据库检索经验及技巧的图书和课程也都有很多了，这里就不做更多展开。

第二，掌握本学科领域的专著出版情况。

因为申报成果一旦出版，也会是一部（含多卷本）学术专著，所以了解一下已经出版的本学科领域的专著非常有必要。例如，这些著作是从怎样的视角来进行研究的？它们的研究方法是偏规范的还是偏实证的？它们是什么时候出版的？它们的著者近年来有没有发表过相关议题的论文？等等。在寻找这些问题的答案的同时，我们也要不断追问自己："如果我也要出版一部研究该议题的著作，这部著作的原创性或开拓性将怎样体现出来？"

你瞧，要想对自己申报成果的原创性或开拓性进行一个评估，缺乏对于目前

---

① CSSCI（Chinese Social Sciences Citation Index，中文社会科学引文索引）是由南京大学中国社会科学研究评价中心开发研制的数据库。

② SSCI（Social Sciences Citation Index，社会科学引文索引）是一个综合性的社科文献数据库，由美国科学信息研究所创建。

本学科领域专著出版情况的梳理分析是不行的。很多我们认为的原创性或开拓性，弄不好就是在"重新发明轮子"。

第三，阅读发表在本学科专业"顶刊"上的研究综述。

这里说的是一条实实在在的"捷径"。就目前来讲，每个学科专业都有业内同行公认的一两本权威期刊、顶级期刊（简称"顶刊"），如政治学专业期刊《政治学研究》，管理学专业期刊《管理世界》和《中国管理科学》，民族学专业期刊《民族研究》和《世界民族》，等等。一般而言，发表在本学科专业"顶刊"上的研究综述都是极富营养的。因此，一旦有这样的文章出现，尤其是新近发表的，就值得格外关注。

一般而言，研究综述可以贡献的学术增量是比较有限的，因为这类论文更多是对研究现状的描述。很多高级别期刊是不太偏好发表研究综述的。如果真的发表了，那基本就是这两个原因：一个是某项研究的确具有很强的前沿性，以至于推介这项研究的论文都非常值得发表；另一个是这篇论文的质量确实非常好，征服了期刊编辑、外审专家和主编。而无论是哪种原因，这篇论文都值得认真阅读学习。

此外，能够发表在期刊上的研究综述的篇幅是有限的。这就更加有利于你用最少的时间和精力形成对该领域研究现状的整体把握和全局印象。

第四，关注本学科国家级学会的信息与动态。

一般运营良好的本学科国家级学会发布的信息与动态，包括学术年会的主题征文信息，往往也代表该学科的学术研究发展前沿。由此，关注本学科国家级学会的动态，也是把握学术界研究现状的方法。很多国家级学会都有自己的公众号，有自己的网站（往往挂靠在中国社会科学院某个研究所或者其他科研院所的官网）。它们还有自己的会员群和公共邮箱，会通过会员群、公共邮箱定期或不定期地发布学会工作动态和学术界研究动态。

因此，关注国家级学会的动态，成为国家级学会的会员，参加国家级学会主办的学术年会，都有助于把握学术界研究现状。

2.2.3 怎样了解立项情况

怎样了解你想要从事的研究的相关立项情况呢？最为便捷也最为直接的方法，就是访问国家社科基金项目数据库。直接在这个数据库中检索项目名称的关键词，就能很方便地获取相关研究的国家社科基金项目立项情况。若想专门了解国家社科基金后期资助项目的立项情况，可以通过"项目类别"下拉列表框进行筛选，如图 2-3 所示。

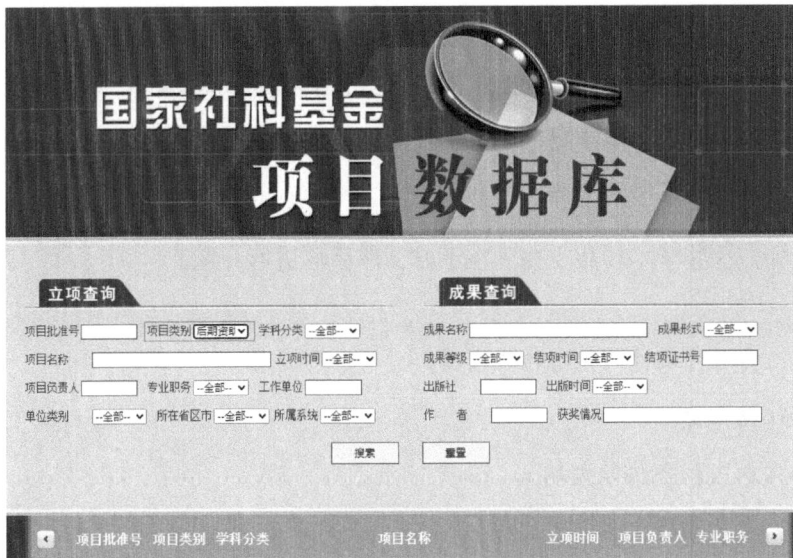

图 2-3　国家社科基金项目数据库界面

需要注意的是，国家社科基金项目数据库收录立项数据会有一定的延迟，新近获批立项的项目数据一般要过几个月乃至半年才能被收录。因此，如果想要了解新近的立项数据，就需要在全国哲学社会科学工作办公室官网的通知公告栏中进行查找。

比较而言，若想了解其他各级各类后期资助项目的立项数据，如教育部哲学社会科学研究后期资助项目，某省（区、市）的社科基金后期资助项目，一般就没有这样便捷的数据库可供检索了。要访问发布这个项目的官网，在相应的通知公告栏中逐页查看相关的信息，找到相关立项文件后下载浏览，就可以了解具体的立项情况。

为了全面了解立项情况，是否有必要把这个项目自设立以来的立项名单都找出来呢？我个人认为，掌握近 3 年，最多近 5 年的项目立项数据就足够了。越新的立项数据对了解立项情况就越有价值，太过久远的立项数据的参考价值不大。

2.2.4　怎样才能站在本学科领域前沿

下面再来了解一下怎样才能站在本学科领域前沿。在我看来，以下这些学术转载文摘的含金量都是比较高的，能被这些文摘转载或摘编的论文所关注的研究议题，基本上都属于本学科领域的前沿课题。同时，关注和经常浏览中国社会科学网，也是一个不错的选择。

我先把这些学术转载文摘列在下方，然后再进行介绍。

国内具有代表性的学术转载文摘：

● 《新华文摘》

● 《中国社会科学文摘》

● 《高等学校文科学术文摘》

● 《人大复印报刊资料》

● 《社会科学文摘》

其中，前 4 个就是当前我国学术界著名的四大中文学术转载文摘，它们的学术含金量和业内公信力都很高。据我了解，很多国内高校乃至科研院所在对本单位的科研成果进行认定的时候，如果某篇论文能被《新华文摘》全文转载，其价值就相当于发表了一篇专业"顶刊"论文；而如果某篇论文被其他 3 个转载文摘

全文转载，也基本相当于发表了一篇 CSSCI 期刊论文。

再有，清单里列出的《社会科学文摘》是由上海社会科学院主办的学术期刊，其影响力在持续提升中，同样值得关注。

以上这些转载文摘都有自己的数据库。只是有的数据库不提供全文在线阅读或下载服务，只能看到转载论文的篇名；有的则需要办理会员，付费后才提供检索、在线阅读与下载服务。同时，这些转载文摘也都有自己的公众号，可以关注、浏览。

此外，中国社会科学网上登载的文章，基本代表了中国哲学社会科学领域的最高研究水平，它们所关注和研究的议题往往也体现着各个学科专业的前沿领域。经常浏览中国社会科学网上登载的与你所在学科领域相关的文章，也是帮助你站在本学科领域前沿的一个非常好的方式。

最后我还要提一点。细心的读者应该已经发现，我在这一节很少涉及国外学术界的研究进展。为什么呢？因为目的决定手段。

不要忘记，我们关于"系统了解学术界研究进展"的讨论是有明确目的的，那就是为后期资助项目的申报做好充分的准备。而后期资助项目强调的是支持基础研究，鼓励具有原创性或开拓性的研究成果，挖掘具有学术创新价值和传承意义的学术成果。说到底，后期资助项目的努力方向是"充分发挥国家社科基金在繁荣发展哲学社会科学中的示范引导作用"。所以我在本节的讨论中，更多关注的是国内学术界研究进展，而没有特别涉及国外学术界研究进展。

当然，不同学科的情况是存在很大差异的。是否需要了解掌握国外学术界研究进展，还是由你自己权衡把握。我只是把自己的思考放在这里，供你参考借鉴。

画重点

后期资助项目重点资助那些在学术上具有原创性或开拓性，并且达到本学科领域先进水平的学术成果。因此，申请人非常有必要系统了解学术界研究进展。

想要系统了解学术界的研究进展，可以从如下 3 个方面着手。

（1）把握学术界研究现状。

（2）了解立项情况。

（3）站在本学科领域前沿。

把握学术界研究现状，了解立项情况，可以帮助申请人系统了解学术界的研究进展，而这正是站在本学科领域前沿的重要基础。

2.3　做好"打一场硬仗"的文献准备

《大唐秦王词话》中有"自古道：'三军未动，粮草先行。'兵精粮足，战无不胜"。对于申报后期资助项目这场"硬仗"而言，文献就是"粮草"。本节先来看看为什么这会是一场"硬仗"，再集中讨论怎样做好充分的文献准备。

2.3.1　为什么申报后期资助项目会是一场"硬仗"

为什么说申报后期资助项目是一场"硬仗"呢？其实这个问题的答案我在之前的讨论中已多次提及，这里再集中回答一下。

想申请后期资助项目，就必须有申报成果。而这个申报成果，无论从数量上、质量上还是目标上看，都是一块"硬骨头"。下面还是以国家社科基金项目为例来说明其中的缘由。

首先，从数量上看，申报成果大概是一部超过 16 万字，最好能超过 20 万字的原创书稿。在提交申报成果的时候，需要一并提交查重报告。

这里关于超过 16 万字和超过 20 万字的说法，是我的个人建议。据我所知，目前很多高校和科研院所都把 20 万字作为一个"门槛"。直白地说，达到 20 万字的研究成果才能计入科研绩效。此外，无论是参加职称评审还是申报社会科学优秀成果奖，"20 万字以上"的学术专著才具备参评资格。

在申报后期资助项目的时候，一般要求完成申报成果的 80% 以上。而只有提交书稿的字数达到 16 万字时，才意味着书稿的最终字数会达到 20 万字。

其次，从质量上看，《2024 年国家社会科学基金后期资助暨优秀博士学位论文出版、优秀学术著作再版项目申报公告》中强调，申报成果应具有原创性或开拓性，要具有学术创新价值和传承意义，要成为一部精品力作。

怎么样，是不是就算只是看看这些要求，你也能感受到满满的压力？是的，这个任务很艰巨，是块"硬骨头"，不好啃。

最后，再来看看它的目标。从目标上看，申报成果要达到本学科领域的先进水平，要能发挥示范和引导的作用。

好，让我画个重点，整理一下申报后期资助项目是一场"硬仗"的原因。

画 重 点 ━━━━━━━━━━━━━━━━━━▶

申报后期资助项目是一场"硬仗"，因为它对申报成果的要求较高。

（1）在数量上，要完成一部 16 万字以上的学术专著。

（2）在质量上，申报成果要具有原创性或开拓性，成为具有学术创新价值和传承意义的精品力作。

（3）在目标上，申报成果要达到本学科领域先进水平，发挥示范和引导的作用。

虽然这里是以国家社科基金后期资助项目为例来说明的，但是纵览各级各类后期资助项目对申报成果的要求，情况也是类似的。"后期资助"这一项目类别就已经决定了它在同级别项目中的地位。

所以说，无论从数量、质量还是目标上看，完成可以申报后期资助项目的研究成果（书稿）将会是一项艰巨的任务，说它是一场"硬仗"也并不过分。

2.3.2 "打一场硬仗"需要哪些"装备"

既然申报后期资助项目是一场"硬仗"，那么要想打赢这场"硬仗"，"装备"

就是必不可少的。人们常说"巧妇难为无米之炊"，如果"食材"准备得不到位，要完成一部类似满汉全席的用于申报后期资助项目的书稿，也是极为困难的。

这里的"装备"也好，"食材"也罢，都是指文献。没有比较充分的文献准备，申报后期资助项目的这场"硬仗"是打不下来的，这部类似满汉全席的书稿更是写不出来的。

那么，这里的文献具体包括哪些内容呢？个人认为，这里的文献是广义的，一般而言，以下4个方面的文献都是必不可少的：高水平学术论文；高价值学术专著；政策文本和原著原典；统计资料和案例素材。

高水平学术论文和高价值学术专著构成了狭义上的文献。但学术研究不是空中楼阁，它既要登高望远，又要脚踏实地，终究是要服务真实世界的现实需要的。为此，学术研究一般也会涉及政策文本和原著原典的内容，还会需要统计资料和案例素材的支撑。不准备好这些类别的文献，学术研究乃至整个申报成果的写作，都会面临"巧妇难为无米之炊"的尴尬。

2.3.3 高水平学术论文该如何准备

先来看看为什么要准备高水平学术论文，再来说说怎样判断学术论文的质量。

为什么要准备高水平学术论文呢？一方面，论文历来是学术写作中非常重要的参考文献，这一点无须过多解释。也正因为如此，当谈及文献准备时，就要先从这一步开始。

另一方面，学术写作中引用的论文的质量，基本代表了所写作的学术成果的质量，两者呈现模糊的正相关关系。很难想象一部通篇引用专业性较低的期刊上的论文的"著作"能给读者带来什么价值，而那些引用的论文质量非常高的论文和专著，往往自身的质量也不会差。

那么，怎样判断学术论文的水平是高还是低呢？其实是有很多外在参考指标的。评价一篇学术论文的水平高不高，借助下面这些参考指标通常会比较有效，这也会帮你节省很多做判断的时间和精力。

画重点 ————————————————————————→

高水平学术论文的外在参考指标如下。

（1）被引频次高。

（2）发表期刊级别高。

（3）被学术转载文摘全文转载。

（4）被中国社会科学网全文登载。

一般而言，被引频次越高的论文，尤其是被引用率（被引频次除以下载频次）越高的论文，其水平也越高；再者，一篇论文的水平往往跟它发表的期刊级别成正比，发表期刊的级别越高，往往意味着这篇论文的质量也越高。

此外，如果一篇论文能被本书前面提到的几个学术转载文摘全文转载或摘编，能被中国社会科学网全文登载或者摘编，也意味着这篇论文的水平比较高。

以上这些外在参考指标能为判断一篇论文的水平提供相对客观的标准。虽然无法排除这些外在参考指标会有失真的情况，但无论如何，这些指标都会为判断论文质量提供一个模糊正确的参考。沃伦·巴菲特曾经说过："宁要模糊的正确，也不要精确的错误。"

还需说明的是，以上这些指标都是外在的，真正的评价标准还是要由你自己建立。一般来说，那些让你拥有几乎完美的阅读体验，在阅读过程中不断发出诸如"原来论文还能这么写""原来这个问题还能这样看"的赞叹的论文，才是你最需要的论文。

同时，如果你在选择学术论文的时候还能兼顾以下这些指标，则所选取的高水平学术论文的文献价值还会进一步提升。

画重点 ————————————————————————————➤

选取高水平学术论文作为文献时，还要：

（1）兼顾论文的权威性和新近性；

（2）兼顾中文论文和外文论文；

（3）兼顾学术界"大牛"和学术界新锐发表的论文；

（4）兼顾论文的政治方向和政策导向。

首先，要兼顾论文的权威性和新近性。

一般而言，具有权威性的高水平论文的发表时间距今都相对久远了，如果将来你写书稿的时候，引用的都是发表年份相对久远的论文，有可能会让评委认为你不了解学术界的新进展。因此，适当补充新近发表的高水平论文是一个不错的选择。

其次，要兼顾中文论文和外文论文。

对于这一点，可能不同学科各有侧重，但是一般而言，能让申报成果的参考文献里既有中文论文也有外文论文，会给评委留下申请人的学术视野比较开阔的印象。这是一个加分项。

再次，要兼顾学术界"大牛"和学术界新锐发表的论文。

如果把引用学术界"大牛"发表的论文算作规定动作，那么引用学术界新锐发表的论文则是自选动作。只有规定动作而没有自选动作，会让申报成果显得中规中矩、亦步亦趋。再有，毕竟学术界的新锐力量代表着学术研究的未来，如果申请人在申报成果中能够注意并吸纳这些新锐的研究，会给评委留下包容开放、面向未来的良好印象。

最后，还要兼顾论文的政治方向和政策导向。

例如，要审视引用的外文期刊论文中的研究观点和研究结论，以确认它们是否符合我国的政治方向。同时，对于以前发表的论文，也需要评估其是否仍能契合当前的政策导向。这是一个关乎底线思维的问题，在学术写作中同样需要具有底线思维。

2.3.4 高价值学术专著该如何准备

接下来要做的文献准备是关于高价值学术专著的。

怎样评价学术专著的价值是高还是低呢？当然，最核心的一点就是你的阅读体验。例如，当你读完这部专著之后，觉得它确实写得非常好，你深受启发、深感折服、由衷赞叹。然而现实是，你不太可能把自己相关研究领域所出版的学术专著都用通读的方式来做筛选。因此，你还需要一些更为便捷的外在评价指标，来辅助你做出判断。

我给出如下几个指标，供你参考。

画 重 点 ————————————————————>

高价值学术专著的评价参考指标：

（1）作者的知名度和影响力；

（2）出版社的知名度和影响力；

（3）读者评价；

（4）被高水平学术论文的引用频次；

（5）"著" > "编著" > "主编""编"。

第一，一般而言，一部学术专著的作者知名度越高、影响力越大，而且这位作者的学术专著产出质量又比较稳定的话，这部学术专著的价值也就越大。两者之间呈现一种模糊的正相关关系。

第二，出版社的知名度和影响力也是评价一部学术专著价值高低的一个重要维度。就国内而言，在人民出版社、中华书局、商务印书馆、中国社会科学出版社等业内公认的高质量出版社出版的专著，以及在某个学科专业领域内部公认的专业出版社出版的专著（如在法律出版社出版的法学专著），可以视为具有较高的价值。

第三，读者评价也是判断一部学术专著价值的一个重要维度，如豆瓣网和当当网上的读者留言和评分都可以作为参考。

第四，那些反复出现在高水平学术论文的参考文献中的学术专著，也非常值得重点关注。

第五，一般而言，标有"著"的专著要比标"编著"的更有价值，标有"编著"的专著要比标"主编""编"的更有价值。

接下来，我要再进行一个有关高价值学术专著的"衍生价值"的讨论。高价值学术专著的价值显然并不局限在"参考文献"这一点上。将格局打开，世界会变得不一样。

画重点 ────────────────────────➤

留意高价值学术专著的"衍生价值"：

（1）专著的篇章结构是否有启发意义；

（2）专著的参考文献是否有价值；

（3）是否留有作者的联系方式；

（4）有没有出版社的联系方式。

例如，高价值学术专著的篇章结构是如何设计的，研究逻辑是如何呈现的，研究议题是如何提出的，国内外研究现状是如何梳理的……这些内容，其实对进行申报成果的撰写也具有启发意义。因为你在完成申报准备工作之后，也是要写出一部书稿的，高价值学术专著自然不能仅仅贡献几条引用出处。

高价值学术专著的参考文献其实也是非常有价值的，为你提供了一个按图索骥的线索。书里列出的参考文献，尤其是在书中反复引用、不断出现的参考文献，非常值得你找来翻一翻、看一看。这样一来，你选取高价值参考文献的范围就被扩大了，参考文献的质量也就有了保证。

这部学术专著中是否留有作者的联系方式？我知道很多专著中是留有作者的电子邮箱的。就算没有，我们也可以通过作者简介，找到作者工作单位的官网，进而查到作者的联系方式（如办公电话或电子邮箱）。而一旦我们有了作者的联系方式，在自己申报成果的写作过程中，就有机会向作者请教、交流观点。我第一次中标国家社科基金后期资助项目的那部书稿的章节目录，就曾发送给十几位业内同行专家（其中一半以上与我素昧平生），请他们帮我"诊断"，提出完善建议。让我惊喜的是，他们中的大部分人都给我回复了意见。

一般而言，你可以从这部学术专著中查到出版社的联系方式，可能是一个固定电话号码，也可能是一个电子邮箱，还可能是一个网址或公众号二维码。无论是哪种联系方式，都会为你寻找出版社合作、谋求出版社的推荐意见创造可能性——要知道，出版社的推荐意见是申报后期资助项目的一个加分项。

找到一部高价值学术专著其实是很不容易的，既然找到了，就把它充分利用起来。留意其"衍生价值"，可能会为你打开一扇窗，推开一扇门。

2.3.5 政策文本和原著原典该如何准备

首先要说明的是，你得先判断自己是否真的需要在这个方面进行文献准备。提高效率的方式之一是能做出正确的判断，如果下了很大功夫准备了大量不需要的文献，就是在做无用功。

我设计了一个分析模型，如图 2-4 所示，希望能辅助你做出正确的判断。以政策敏感度为纵轴，以原典依赖度为横轴，你可以绘制出一个描述某项研究与政策文本和原著原典类文献之间相关关系的分析模型。然后你要做的是追问自己："我要从事的这项研究会在哪个象限？"

图 2-4　某项研究与政策文本和原著原典类文献之间相关关系的分析模型

画重点 ——————————————————————→

追问自己: 我要从事的这项研究会在哪个象限?

(1)是政策敏感型, 还是政策无感型?

(2)是原典倚重型, 还是原典疏离型?

得出结论后就知道是否该进行这类文献准备, 以及准备哪些文献了。

　　如果你要从事的这项研究的政策敏感度非常高, 同时又非常依赖原著原典, 那么这项研究就在第一象限, 你需要在政策文本和原著原典方面进行充分的文献准备。如果从学科上看, "马列·科社""党史·党建"① 这样的学科, 基本应该在第一象限——既是政策敏感型, 又是原典倚重型。

　　按照这样的思路, 管理学、人口学和社会学会不会在第二象限——既是政策敏感型, 又是原典疏离型? 考古学和艺术学会不会在第三象限——既是政策无感型, 又是原典疏离型? 哲学、世界历史和世界文学会不会在第四象限——既是政策无感型, 又是原典倚重型?

　　当然, 以上根据学科来做出的关于某项研究是否需要进行文献准备的分析还是非常粗糙的, 我的用意更多在于介绍这个分析模型的应用。最终, 还是要具体

———————————
① 这里的学科名称来自国家社会科学基金项目申报数据代码表中的"学科分类"。

问题具体分析，回到你研究的议题本身来做出判断和取舍。

当你确信自己要从事的这项研究需要政策文本的支撑时，接下来的事情就变得容易了。我把常用的政策文本检索数据库 / 网站列在下面，供你参考。

画 重 点 ————————————————————————➤

常用的政策文本检索数据库 / 网站有：

（1）习近平系列重要讲话数据库；

（2）国务院政策文件库；

（3）人民日报图文数据库；

（4）新华网。

至于原著原典，如果你从事的这项研究不需要这类文献，那我列出相关的检索数据库 / 网站的意义也不大；而如果你从事的研究真的需要它们，相信也就不用我再多说什么了。毕竟，没有人比各个学科专业的科研工作者对本学科内部的原著原典更有发言权。

2.3.6 统计资料和案例素材该如何准备

文献准备工作涉及的广义文献中，还有一个类别是统计资料和案例素材。关于这类文献的准备问题，我可能就更没有什么发言权了——毕竟社会科学领域的不同学科专业和研究方向所对应的统计资料也好，案例素材也罢，其多样性和丰富程度都远超我的想象，以至于不可通约。

所以在这里，我只给出准备这类文献的 3 点原则性建议，希望对你有所启发。

第一，问自己，它们是这项研究必需的吗？

如果是必需的，那就努力找到这些统计资料和案例素材，保存好备用。如果不是必需的，其实就可以先不做准备——永远不做文献资料的收藏家，只做学术研究的实干家。

如果经过对第一个问题的追问，你的答案是肯定的，那么就要确保你收集到的统计资料也好，案例素材也罢，它们的来源和出处是权威的。否则，它们就有可能成为你申报成果中的短板，成为容易被评委抓住的"小辫子"，评委会认为你缺乏治学严谨的态度。

第二，问自己，这些统计资料可靠吗？这个案例素材有说服力吗？

写进申报成果中的统计资料的可靠性，也是衡量治学严谨程度的一个重要维度。一般而言，你可以依靠常识，以及通过交叉验证的方式来确定统计资料的可靠性。而对于那些连你自己都无法被说服的数据（明显有悖常识），或者没有办法通过交叉验证的统计资料，为了稳妥起见，就不要写进申报成果。

至于案例素材，你还要衡量它的说服力。要知道，每一个写进申报成果之中的案例素材都要发挥它的作用——要么能佐证你的观点，让论证更有说服力；要么可以帮你发现问题，寻找原因，找到解决方案。如果加入一个案例素材的目的仅仅是"凑字数"，就等于往已经很稀的粥里又兑进去一碗水，这个案例素材就完全没有存在的必要了。

第三，问自己，它们会降低申报成果的学术浓度吗？

无论是运用统计资料，还是案例素材进行分析，你都要思考一个更为本质的问题：它们会降低申报成果的学术浓度吗？如果会，那就一定要慎之又慎。

你一定要清楚自己是做基础研究的，要让申报成果成为具有原创性或开拓性，以及学术创新价值和传承意义的精品力作。一旦通篇都是统计资料或者案例素材，申报成果的学术浓度自然就会降低，申报成果就从学术专著滑向统计报告、调查研究报告甚至纪实文学了，那就太离谱了。

画重点————————————————————————————➡

关于统计资料和案例素材的准备，问自己：

（1）它们是这项研究必需的吗？

（2）这些统计资料可靠吗？这个案例素材有说服力吗？

（3）它们会降低申报成果的学术浓度吗？

2.4 文献准备认知：拣金子还是筛沙子

申报后期资助项目的文献准备议题，其实还涉及关于"怎样看待文献准备这项工作"的认知问题。在上一节中，我已经零星地表达了自己的看法，这里再集中做一下说明。对于这个问题，存在两种代表性思维方式，一种是"拣金子"，另一种是"筛沙子"。

你可能会觉得这两种方式的差别不大，它们不都是要把"金子"找出来吗？但是认真分析后你会发现，其实隐藏在这两种思维方式背后的认知，是有很大差异的。

先说"拣金子"。"拣金子"旨在把"金子"拿到手，它追求的是确保能拿到手里的都是好的，都是有价值的。同时，它又不追求全部占有，能拣出来多少算多少，只要手里都是"金子"就足够了。

再说"筛沙子"。"筛沙子"讲求不做选择，把可能有关"金子"的东西全部占有，然后再把"沙子"筛出去。这里体现的是一种"求全"的思维方式，不想错过任何好的、有价值的东西，想要努力占有全部的"金子"。

拥有"拣金子"思维方式的人懂得取舍，觉得够用就好，比较现实；拥有"筛沙子"思维方式的人比较任性，偏要全部拥有，有些完美主义。两者之间，你会怎么选？我的建议是要去"拣金子"，而不是去"筛沙子"。

还是回到文献准备的议题。从理论上讲，高水平学术论文也好，高价值学术专著也罢，它们更像是构建学术大厦的砖石，你总是感觉还差那么几块来完善整体。那怎么办呢？你有两种选择，"拣金子"的思路是够用就好，足以支撑你完成申报成果的写作就可以了；而"筛沙子"的思路则是"理想化追求"，力求全面无遗，把全部高水平学术论文和高价值学术专著的文献都准备好。

我想说明的是，学术研究终究是"戴着镣铐的舞蹈"，是有很多现实约束条件的。比如，科研工作者的时间和精力总是有限的，不该把有限的时间和精力投入近乎无限的文献准备工作之中。

所以，文献从来就不是用来收藏的，穷举法不适合社科领域的科研工作者。文献是工具和手段，只要能支撑完成高质量申报成果的写作就足够了。

2.5 做好"参加一场马拉松比赛"的身心准备

为什么要把申报后期资助项目比作参加一场马拉松比赛呢？我可以通过申报年度项目和申报后期资助项目的工作量的对比和身心压力的对比来说明这个问题。对比之后你就会发现，没有良好的身体素质和强大的心理能量，是不适合申报后期资助项目的。

2.5.1 为什么说申报后期资助项目是"参加一场马拉松比赛"

如果把完成一项年度项目和完成一项后期资助项目的时间和精力的消耗量视为一样的，那么两个项目在各阶段消耗的时间和精力是存在显著差异的，如图2-5所示。对于年度项目，申请人的时间和精力更多是在项目立项之后消耗的，而在申报项目的阶段，时间和精力的消耗其实比较有限；对于后期资助项目，情况则恰恰相反，申请人的时间和精力更多是在项目立项之前消耗的，也就是申报项目的阶段，而项目一旦立项，工作量则要小很多，没有那么大的压力了，时间和精力的消耗自然也小很多。

年度项目	立项之前	立项之后	结项

后期资助项目	立项之前	立项之后	结项

图2-5　完成年度项目与后期资助项目的时间和精力消耗对比图示

为什么会有这样的差异呢？

先看年度项目。不管年度项目需要怎样的千锤百炼、精雕细琢，需要提交的材料都是一份项目申请书，外加一份通过复制粘贴申请书中的相关内容、做匿名处理等操作就可以完成的课题论证活页。粗略地做个量化统计，申报年度项目的工作量基本就是完成一项 1.5 万字左右的写作任务。

再来看后期资助项目。即使填写申请书的工作量完全忽略不计，申请人仍然要写出一部至少 16 万字的书稿，这是一项要完成至少 16 万字的写作任务。

因此，打个比方，如果申报年度项目是参加一项 400 米跑比赛，那么申报后期资助项目就相当于参加一场马拉松比赛了。400 米很难跑，对运动员的速度和耐力都有很高的要求，但是说到底，也就是 400 米而已。马拉松比赛呢？那可是一段 42.195 千米的漫长路程呀。

我还想补充一点，申请人是在完全不知道自己申报的后期资助项目能否立项的情况下就投入大量时间和精力的。这也是我在 1.5 节"怎样判断自己是否适合申报后期资助项目"中提出"我愿意为了一个不确定的未来而写出一部书稿吗？"这个问题的重要原因。申报后期资助项目对一个人的心理承受能力有着很高的要求——毕竟你花两个星期去追求一个人而被拒绝和你花两年时间去追求一个人而被拒绝的内心体验，是完全不可同日而语的。

试想，如果没有良好的身体素质，没有强大的心理能量，怎么去申报后期资助项目呢？因此，在申报准备环节，申请人不能缺少对身心准备这个维度的考虑。

那么，怎样进行身心准备呢？

2.5.2 怎样做好申报后期资助项目的身心准备

结合个人经验，给你提供如下 7 点建议。

第一，自我激励，每天进步一点。

胡适先生曾经说过一句话："怕什么真理无穷，进一寸有一寸的欢喜。"这是一种典型的"成长型思维"，关注自己一点一滴的进步所带来的幸福感，要远胜于感叹"吾生也有涯，而知也无涯。以有涯随无涯，殆已"所带给自己的无助感。具体到后期资助项目的申请，其实你可以给自己定个小目标，如每天写作 500 字。这个目标很容易达成，每完成 500 字的写作，你就会有非常确定的幸福感。而每天写 500 字，一个月就是 1.5 万字，一年就是 18 万字，不知不觉中，一部书稿就完成了。

第二，积极暗示，他行我也行。

这里的他可以是你的同事、你的同行，也可以是你读书期间的师兄师弟、师姐师妹。想想看，比如大家都是一个学院一个系的，或者专业背景相同，学历职称也都一样，难道你就一定比别人差吗？不断进行"他行我也行"的思维训练，进行积极正向的心理暗示，是一种非常好的自我调适方式。

第三，管理情绪，让每天都是崭新的。

情绪分好情绪和坏情绪。我们做情绪管理的目的是让自己的情绪比较平稳，尽量保持好情绪，减少坏情绪对工作和生活的干扰。为此，可以把每一天的开始，想象成手机或者笔记本电脑的开机或重启，然后告诉自己"这是崭新的一天"，打开好情绪的开关。再有，认知心理学的研究表明，坏情绪不是由事实导致的，而是由我们对事实的看法或不合理信念决定的。比如，下雨是一个事实，本来无所谓好坏，如果你想到的是"居然下雨了，出行变得不方便了，刚洗的头发要被淋湿了，什么坏天气呀……"，那你的心情好不了。换个角度，如果你想到的是"终于下雨了，这都多久没下雨了，真的好清爽呀。而且这个季节下雨，春雨贵如油呀，看来今年会是一个丰收年……"，你的心情就差不了。我们改变不了事实，但可以改变观点，清除不合理信念。

第四，适量运动。

我个人是在 2021 年 9 月体检查出血脂高的问题之后，才开始中断已久的运动的。最开始的时候，我只是在小区的院子里慢跑，后来逐渐固定为在每天早晨慢跑 20 分钟，再后来我又陆续加上了卷腹和蹲起。等到 2022 年 9 月我再做体检时，血脂高的问题消失了，其他的身体指标也有明显改善。按照史蒂芬·柯维在《高效能人士的七个习惯》里的说法，重要但不紧急的事情才是必须重视，需要优先完成的。每天适量运动应该就是这样的事情。不一定要一次完成多大的运动量，重点在于找到适合自己的运动项目，每天适量运动，然后长期坚持下去。

第五，制订计划，用确定性对抗焦虑。

不是说制订了计划就一定可以完成计划，而是说通过制订计划，能够获得一种确定性。而一旦有了确定性，知道一切都将有条不紊地进行，焦虑也就随之消失了。要知道，焦虑主要是由重要但不确定的未来引起的负面情绪体验，而制订计划，天然就具有对抗焦虑的属性。当然必须承认，无论是制订计划还是对抗焦虑，都无法保证你成功获批立项后期资助项目——这种不确定性会一直存在。不过你也要看到事情好的一面：就算未能获批立项，你也拥有了一部书稿和一份项目申请书。书稿可以拆分成系列论文投稿发表，项目申请书可以用来申请其他项目，办法总比困难多。你一直是掌控者，也一直拥有选择权。

第六，健康饮食，对身体好一点。

饮食对于健康的重要性就不用我多说了。现代生活方式给我们带来一系列挑战，也使每个人都更加重视健康问题，饮食健康就是其中的重要内容之一。从个人经验出发，我建议大家用无糖黑咖啡（或美式咖啡）替代三合一速溶咖啡；增加玉米、黑米、紫薯、芋头等优质碳水化合物的摄入比例，同时减少白米饭、蛋糕、月饼等精加工碳水化合物的摄入比例；多吃新鲜蔬菜水果，少吃加工肉制品；每天吃一小把配料表里只有坚果的坚果；少糖、低盐、低脂饮食，多吃鱼虾；规律饮食，戒烟禁酒……这么做的确对保持身体健康有好处。

第七，合理作息，找准自己的身体节律。

每个人的身体节律其实是各不相同的。有的人习惯早起，一熬夜整个人就状态不好；有的人适合晚睡，越晚就越精神，让他早起简直就要了他的命。与此相联系，每个人工作效率最高的时段也各不相同。以我为例，如果是进行科研写作，午睡后的下午 3 点到 6 点，晚上 10 点到凌晨 2 点或 3 点，是我工作效率最高的时段。相信你也知道自己的身体节律和工作效率最高的时段，那么，就按照你的身体节律来安排自己的作息，在工作效率最高的时段进行申报成果的写作。注意作息要有规律，避免今天早起、明天熬夜、后天又早起，这种打乱身体节律的做法是非常不可取的。

画重点 ➡

做好申报后期资助项目身心准备的 7 条建议如下。

（1）自我激励，每天进步一点点。

（2）积极暗示，他行我也行。

（3）管理情绪，让每天都是崭新的。

（4）适量运动。

（5）制订计划，用确定性对抗焦虑。

（6）健康饮食，对身体好一点。

（7）合理作息，找准自己的身体节律。

2.6　身心准备方法论：搭建精力管理金字塔

在本章的最后，我要向你推荐一个精力管理的金字塔模型，如图 2-6 所示。你可以把这个模型视为前文给出的 7 条建议的总结。这个模型来自我在"得到"App 上听过的一门课程——张遇升老师的"怎样成为精力管理的高手"。

我觉得这个模型对于后期资助项目的申请人，对于广大科研工作者，都是非常有启发的。

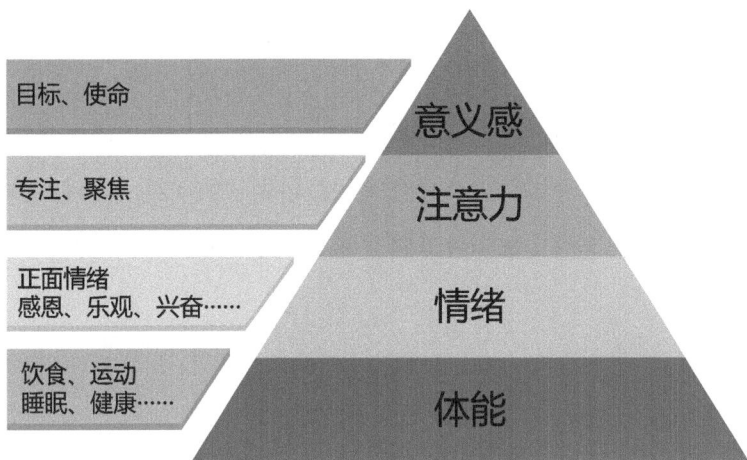

图 2-6　精力管理的金字塔模型

这个金字塔模型的基座是体能。拥有健康的体魄和充沛的体能，是精力管理的基石。为了做到这一点，可以从形成良好的饮食习惯、适量运动、拥有优质且规律的睡眠等方面入手，保持身体健康的状态。

体能之上是情绪。做好情绪管理，让感恩、乐观、兴奋等正面情绪成为我们情绪中的主流。心怀感激之情，保持乐观开朗、积极向上的态度，通过积极的自我暗示让自己兴奋起来，这都是在打造我们的正面情绪。而正面情绪本身就是一个杠杆，可以和身体形成正反馈机制，让我们每天精力充沛、干劲十足。

情绪之上是注意力。李笑来在《把时间当作朋友》一书里指出，一个人拥有的时间要比他拥有的财富更重要，而他的注意力则比他的时间更宝贵。注意力其实是非常稀缺的资源，以至于我们把它投放在了哪里，我们就是哪种人。因此，我们要在工作中保持高度的专注，努力让我们的注意力聚焦在最重要的事情上，比如后期资助项目申报成果的写作。

再往上，就到达金字塔的塔尖了，最高的一层是意义感。我们经常说人是由意义驱动的动物，而意义来自哪里？来自我们的内心信念。我们坚信完成某件事情就是自己来到这个世界的使命，值得用自己的生命去为之奋斗，其实就是在给这件事情赋予意义感。意义感是一种无形、强大且持久的内驱力量，一旦拥有做某事的意义感，人生就完全不同了。这个时候，写出一部书稿，创作出一套丛书，完成一项气势恢宏的知识工程，就完全有可能了。

你也可以去"罗辑思维"公众号查阅一篇名为"如何精力管理？请记住这个公式"的文章，相信这篇文章会带给你更多的启发。

第 3 章

选题策划

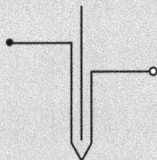

　　关于选题有多重要，相信不用我再多说什么了。你能翻开本书并读到这里，就证明你已经是科研项目申报的进阶选手，段位是要高出普通科研工作者一个层次的——这不是刻意讨好你，而是说，敢于申报后期资助项目的都是有着深入思考和一定积累的学者。这样的学者，是不可能不知道选题的重要性的。所以，本章虽然也会涉及"为什么"的认知启蒙，但更多会在"怎么办"的策略方法层面进行讨论，看看怎样敲定选题才能提高中标率，获批立项。

3.1　研读近 3 年的项目申报公告

我给出的第一个建议是，研读近 3 年的项目申报公告，从而对公告精神有一个整体上的把握。阅读项目申报公告算是一个常规操作了，相信你也能认可其意义。对于确定后期资助项目的申报选题而言，为什么要研读？怎样研读？研读的价值又是什么？这就是本节内容要解决的问题。

3.1.1　为什么要研读近 3 年的项目申报公告

研读项目申报公告，可以帮助你了解政策导向，知道"投资人"想要什么。《孙子兵法·地形篇》有云："知彼知己，胜乃不殆；知天知地，胜乃可全。"带兵打仗如此，申报项目也是如此。而研读项目申报公告是"知彼"的最好途径。只有了解国家想让我们做的是什么，我们申报项目的胜算才会增加。

研读项目申报公告的道理非常浅显直白，可我为什么建议你要研读近 3 年的项目申报公告呢？一方面，如果想了解在项目申报的政策导向层面发生了哪些变化，就不能只阅读申报当年的项目申报公告，而是要把前面几年的项目申报公告也找出来做对比分析，这样才能发现其中的变化。至于为什么是"近 3 年"而不是"近 5 年""近 10 年"，是因为 3 年的时间跨度既能使你发现新近的变化，又不至于消耗太多的时间和精力。

另一方面，从概率上看，你可能会在明年（甚至后年）才能申报这个项目，所以，你很可能需要按照明年（甚至后年）的项目申报公告来准备申报材料。这就造成一个事实：你不仅要研读今年的项目申报公告，还不得不研读明年（甚至后年）的项目申报公告。于是，你还是研读了近 3 年的申报公告。

那么，为什么你没办法在当年申报呢？因为根据往年经验，从你看到项目申报公告到申报的截止日期只有两个月左右的时间。而要在两个月左右的时间里敲定选题，进行申报成果的写作，难度还是非常大的。

如果你不甘心，就是想今年申报，拼一下，行不行？我觉得也是可以的，但要满足比较苛刻的条件，比如你对某个学术理论议题研究得非常深、非常透，在某个基础研究领域积累非常丰富。这样你才有机会在两个月左右的时间里基本完成高质量申报成果的写作。

所以回到前面的讨论，如果你能通过研读近 3 年的项目申报公告，把握政策导向层面不变的"恒量"，然后遵循这些"恒量"来确定一个申报选题，围绕这个选题来写作自己的申报成果，那么你获批立项的概率也就提高了。

画重点 ————————————————————————➤

为什么要研读近 3 年的项目申报公告？

（1）了解政策导向，知道"投资人"想要什么。

（2）发现"变"与"不变"，形成底层认知。

（3）你也许会在明年（甚至后年）才能申报。

3.1.2 怎样研读近 3 年的项目申报公告

项目申报公告的精神体现在项目申报公告的字里行间。那么，要怎样研读，才能对其精神有充分和完整的把握，进而拿出一个带有中标后期资助项目"气质"的选题？我将从研读当年的项目申报公告和研读近 3 年的项目申报公告两个方面，给出自己的建议。

当年的项目申报公告该怎样研读？

你要去读它的宏观层面的政策导向，读它所提供的项目类别与资助经费，读它的申报条件，读它的申报截止时间，读它的申报流程和需要提交的材料，以及附件中的申请书、数据代码表、推荐申报出版机构的名单等。

说得直白点，你得先通读全文和全部附件，形成对项目申报公告的整体印象。

然后，再围绕前一段落中提到的重点内容，逐一校准你的申报选题。在研读的过程中，首先要先确认自己是否符合申报条件，即是否具备申报后期资助项目的资质。确定自己符合条件之后，再追问自己：我拿出的申报选题是否符合项目申报公告中的每一条规定？是否满足其中的每一项要求？如果感觉还存在差距，这些差距就将是你在接下来的时间里需要集中解决的问题。

此外，还需注意"推荐申报出版机构"这一板块。目前，每年的国家社科基金后期资助项目申报公告中都会提供一份推荐申报出版机构的名单。如果你打算申报国家社科基金后期资助项目，获得名单上的出版社的推荐意见，将是你申报项目时的一个加分项。这一点似乎和这里讨论的选题策略关系不大，但是换个角度来看，出版社的推荐意见可以为你提供一个评估选题价值的第三方意见，这无疑是非常宝贵的。

近 3 年的项目申报公告该怎样研读？

当研读项目申报公告的时间范围从"当年"变成"近 3 年"之后，研读的重点也就从"通读＋重点阅读"转为"读变化＋不变"。也就是说，要从研读中发现隐藏在"近 3 年"中的变化和趋势，发现不变的原则和规律。

画重点━━━━━━━━━━━━━━━━━━━━━━▷

研读近 3 年的项目申报公告的重点：

（1）政策导向的变与不变。

（2）项目类别与资助经费的变与不变。

（3）申报条件的变与不变。

（4）申报办法的变与不变。

（5）项目申请书的变与不变。

（6）推荐申报出版机构名单的变与不变。

例如，通过对比近 3 年的项目申报公告，你可以发现它们的政策导向始终未变，或者发现它们在对项目宗旨、资助范围、成果形式进行介绍时，表述方式发生了哪些变化。这样一来，你就能对申报政策形成一个基本判断："哦，看来这样的选题更符合政策导向""哦，看来我的选题要更侧重……才好"。

这样说还是比较抽象，下面举例说明。在《国家民委办公厅关于组织申报 2022 年度国家民委民族研究后期资助项目的通知》中，对资助范围的介绍如下（节选）。

> 主要资助对新时代党的民族工作有重要参考价值的研究成果，尤其是紧紧围绕中华民族共同体意识这条主线，推进民族领域重大基础理论与实践问题研究成果，包括但不限于：
>
> （一）深化对习近平总书记关于加强和改进民族工作的重要思想的阐释；
>
> （二）有关构建中国特色民族理论研究体系研究；
>
> （三）树立和宣传正确中华民族历史观研究；
>
> （四）中华民族交往交流交融史料文献研究；
>
> （五）各民族在空间文化经济社会心理的嵌入研究；
>
> （六）建设中华民族共有精神家园研究；
>
> （七）新发展阶段各民族共同实现现代化研究；
>
> （八）世界民族问题研究等。

而在《国家民委办公厅关于组织申报 2024 年度国家民委民族研究项目后期资助课题的通知》中，对该项目的资助范围则是这样进行介绍的（节选）。

2024 年度国家民委民族研究后期资助项目分为两部分：

（一）主要资助紧紧围绕铸牢中华民族共同体意识这条主线，对民族领域基础理论与重大现实问题深入研究的成果。申报内容主要包括学术专著、研究报告、资料汇编等，通俗读物、论文集、教材、软件、译著等不在资助之列。

（二）国家民委全国少数民族古籍整理研究室"铸牢中华民族共同体意识古籍整理研究专项"（以下简称"古籍专项"）。申报内容须为少数民族古籍整理作品，主要包括点校、译注、影印、汇编、索引、书目等。项目应突出铸牢中华民族共同体意识主线，侧重选取能够反映各民族交往交流交融历史的古籍文献，特别是体现"融合性""共同性"史实和观点的少数民族文字古籍。申报人须自行联系出版单位并在申请表中注明，中标项目公示时，出版单位一并公示。项目最终成果须为正式纸质出版物，采用古籍室提供的统一版式，并须将出版物的信息网络传播权授予古籍室用于数据库建设。

你瞧，通过对该项目两个年度申报通知中的"资助范围"的比较，你能够非常直观地看到从形式到内容的各种变化，而在这些变化的背后，你也能寻找到其中不变的部分。

3.1.3 研读近 3 年的项目申报公告对于选题策划有什么价值

从为什么研读到怎样研读，说了这么多，研读近 3 年的项目申报公告对于选题策划的价值究竟是什么呢？

亚马逊创始人杰夫·贝索斯说过这样一段话：

> 我经常被问到一个问题："未来 10 年会有什么样的变化？"但我很少被问到："未来 10 年，什么是不变的？"我认为第二个问题比第一个问题更重要，因为你需要将你的战略建立在不变的事物上。

研读近 3 年的项目申报公告的实质，是找到贝索斯所说的"不变的事物"，即发现"恒量"。

如前所述，后期资助项目的申报窗口期只有两个月左右的时间，而鉴于申请人所要提交申报材料的重头戏——申报成果大概率是一部超过 16 万字的高质量学术专著，因此一个基本的预判是：你很可能早在申报公告发布之前的半年甚至两年，就得开始谋划这件事情。所以，如果缺乏对"恒量"的把握，会让你之前的努力付之东流，面临"错付"的风险。

通过研读近 3 年的项目申报公告，你可以对当年的项目申报公告的精神形成模糊正确的预判，从而获得掌控感，增加确定性。这种掌控感和确定性，是你全力以赴地投入申报成果写作之中的最大底气。

为了便于理解，我再打个比方。如果你在带兵打仗，就一定需要侦察；如果你要开发产品，就得做市场调研；如果你是名设计师，就得知道甲方的真实需求。研读近 3 年的项目申报公告，领会公告精神，其实就是在做侦察工作，做市场调研，了解甲方需求。这项工作对于敲定选题来讲至关重要。

画重点

研读近 3 年的项目申报公告，可以帮助你明确哪些内容是不变的，进而依托这些"恒量"策划选题，写申报成果。

作战要进行侦察，开发产品要做市场调研，设计师要知道甲方需求。研读近 3 年的项目申报公告，就是在做侦察工作，做市场调研，了解甲方需求。

3.2 运用"公约数"思维模型撬动选题

从本节开始，我将用 3 节的篇幅，为你提供敲定后期资助项目选题的 3 个思维模型。

第一个模型是"公约数"思维模型。通俗地讲，这个模型就是在"我能做"和"出精品"之间寻找"最大公约数"，是用于思考申报选题来源的一个思维工具，如图 3-1 所示。

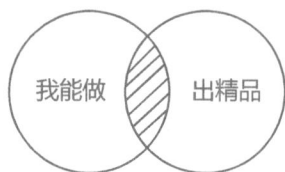

图 3-1　"公约数"思维模型

这个模型的左侧圆"我能做"，代表的是你的研究领域。在这个圆圈内，你已经深耕多年，有了一定的学术积累。例如，你已经完成了一篇通过毕业答辩的博士学位论文。

这个模型的右侧圆"出精品"，则代表着后期资助项目对于申报成果的定性要求。而关于为什么会是"出精品"，本书第 2 章的 2.3 节中已经有过分析，这里再强调一下。

申报成果，在规模上有要求，它得是一部 16 万字以上的学术专著书稿；在质量上有要求，它要是一部具有原创性或开拓性，以及学术创新价值和传承意义的精品力作（须提交查重报告）；在目标上也有要求，它要达到本学科领域先进水平，发挥引领示范作用。

你瞧，正是由于后期资助项目对申报成果在规模、质量和目标上提出了这样的要求，因此你的申报成果只有达到"出精品"的要求，才能进入右侧圆的范围，才有可能获批立项。

由此，关于申报选题的思考路径也就清晰了：要在"我能做"和"出精品"

之间的重叠地带，在两者形成交集的地方策划你的选题。也就是说，你要在自己擅长的研究领域中，寻找最容易做出精品的研究议题，以此作为你申报后期资助项目的选题。

我在策划自己第二次中标国家社科基金后期资助项目的选题时，其实就运用了"公约数"思维模型。我的研究（左侧圆"我能做"）主要集中在民族政治发展、现代民族国家建构、多民族国家建设、族际政治整合、民族政策分析等领域，基本是在民族政治学的学科范畴之内进行的基础理论研究，偶尔也会涉及一些国际比较的内容。

说来惭愧，我之前对国家现实需要和学术界研究热点不够敏感，以至于在学术界同行都早早关注到"铸牢中华民族共同体意识"议题，开始进行政策解读、话语分析、知识生产和理论建构的时候，我竟然并未注意到这项研究议题，而且这项议题本来就在我的研究领域之内。

于是，基于该议题的研究方兴未艾，相关学术期刊的论文发表增量显著，但同时高质量学术专著（右侧圆"出精品"）较为罕见的局面，我经过权衡取舍（寻找"我能做"和"出精品"的交集），最终决定撰写一部以"铸牢中华民族共同体意识"为选题关键词的学术专著，并在 21 个月之后成功获批立项国家社科基金后期资助项目。

希望我的选题策划经历对你有所启发。

3.3 运用"滚雪球"思维模型释放选题

第二个模型，我把它叫作"滚雪球"思维模型。实际上，这个名称的灵感来源于沃伦·巴菲特。巴菲特在总结自己成功的秘诀时说：

人生就像滚雪球，最重要的是找到很湿的雪和很长的坡。

"很湿的雪"和"很长的坡"，是确保雪球可以越滚越大的条件。巴菲特说的是一个关于投资的道理，但是把它变成思维模型并运用到后期资助项目的选题策划中来，也是极具启示意义的。

我把"滚雪球"思维模型以图示的形式来呈现，如图 3-2 所示。该模型的纵轴是势能，根据机械能守恒定律，雪球的势能越大，其转化出的动能也就越大；该模型的横轴是时间，通过时间的赋能，最终让精品得以产出。

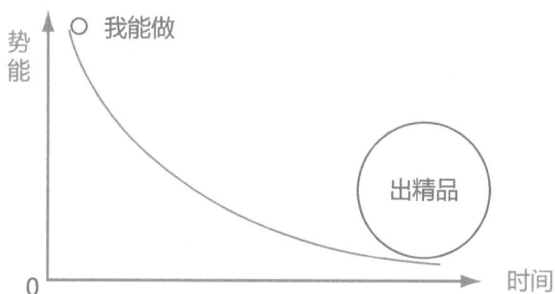

图 3-2　"滚雪球"思维模型

"滚雪球"思维模型对于寻找后期资助项目申报选题的启发在于，找到一个自己最为擅长且拥有"势能"的研究议题，然后经过长期的积累（时间），最终产出达到后期资助项目质量要求的精品力作。

还是回到前面的例子。我第二次申报国家社科基金后期资助项目获批立项，其实也是源于对"滚雪球"思维模型的成功运用。虽然我对"铸牢中华民族共同体意识"议题的关注属于后知后觉，但是当我通过文献检索工作发现该领域的高质量学术专著较为罕见，出版的图书不多且基本都是论文集、政策话语阐释和会议 / 文件精神解读时，我做出一个判断：如果我能找到合适的视角，建立一个系统化、整体性的写作框架并形成一部学术专著，还是有机会出精品的。

于是，我在申报这个项目前一年的年初就开始进行选题设计，搭建篇章结构和写作框架，然后投入这部书稿的写作之中。到了申报年，赶在 7 月初国家社科基金后期资助项目申报截止日期前，我把已经完成了大约 85% 的内容，连同申请书、查重报告一并提交上去。

你瞧，我的这个筹划和申报后期资助项目的过程其实就是拿出一个高价值选题（拥有势能），前后用了 16 个月（赋予时间），写出一部高质量学术专著。

如果你感兴趣，也可以在国家社科基金项目数据库检索关于本学科专业的后期资助项目立项数据。然后你就会发现，其中有很多项目的主持人都在获批立项的研究议题相关领域拥有明显的势能。相信这个发现会对你有更大的启示。

3.4 运用"机械师"思维模型拼装选题

第三个模型是"机械师"思维模型。有关机械师的说法，来自牛顿世界观中的"机械论"。自然法则如同一位机械师，负责这个世界的构造。而构成这个世界的万事万物都可以视为可拆分和组装的部件。这位机械师就把这些不同的部件巧妙地拼装组合起来，创造出一个相互关联、彼此协调的系统——类似于一架古老的落地钟。在这个系统中，各个部件紧密配合、分工明确，确保整个系统能够准确运行，就如同这架落地钟能够准确报时一样。

如果把这个模型用图示来呈现，就是图 3-3 所示的样子。图 3-3 的左侧部分是"我能做"的那些研究议题，准确地说是已经取得的研究成果，包括我们的博士学位论文、硕士学位论文，已经发表或者已经写完的学术论文，已经提交或者已经完成的研究报告、咨政报告等；右侧部分则是我们的目标——出精品，是要去完成的申报成果。重点在于，要把图 3-3 中左侧已经取得的研究成果进行拼装组合，形成右侧的申报成果。

图 3-3 "机械师"思维模型

为了便于理解，我用乐高积木来打比方。我们已经取得的那些研究成果就好比一块又一块的乐高积木，接下来我们要做的工作就是把这些积木块按照一定的规则进行拼装组合，把它们变成一件作品，于是出现了一架飞机或者一座宫殿。这里的飞机或者宫殿，就是我们的申报成果。

这里还需说明的是，落地钟也好，乐高积木也罢，其实只是一种形象的比喻。选题拼装组合的真实过程并不保证"部件"和"积木块"会保持原样。事实上，它们是要被打磨、打碎和拆分的，这么做的目的是出精品，一切都要服从和服务于申报成果的高质量。

我策划自己第一次中标国家社科基金后期资助项目的选题时，其实就运用了"机械师"思维模型。当年我是在得知自己申报的国家社科基金年度项目未能中标的情况下，做出申报同一年的后期资助项目的决定的。没记错的话，我是在 5月底得知自己申报的年度项目未能中标的消息的，而申报后期资助项目的截止时间是在当年的 9 月初。

是的，你没看错。这意味着我要在 3 个月左右的窗口期内，完成一部高质量书稿 80% 以上内容写作的任务。时间紧，任务重，怎么办？这个时候，"机械师"思维模型就发挥它的功效了。

我是这么做的。

第一步，我把自己从事学术研究以来所写的全部学术性文字——博士学位论文、期刊论文（包括尚未发表的）、开题报告、项目申请书、结项报告、学术会议发言 PPT……甚至连课程教案都没放过（就差把微信聊天记录也拿出来了），统统梳理出来。

第二步，我想，从这一大堆的"部件""积木块"里，有没有可能提炼出一个申报选题，然后围绕这个选题打磨出一部书稿？我是幸运的，经过艰难的思考，最终找到了一个方向，提炼出了一个申报选题，那就是"现代民族国家建构"。

我发现，如果把这个选题视为一个筐，那么我之前的研究成果在很大限度上都能装进这个筐里，它们也能从不同的维度来支持这个选题。

这里的启示在于：围绕一个核心选题做"深挖洞"式的研究是很重要的，平时多进行学术成果的积累和产出也很重要。

第三步，形象地说，也就是把部件拼装组合成一件具体作品。我搭建了书稿的篇章结构，确定了写作框架，然后把以往的研究成果重新梳理打磨，最终赶在申报截止前，完成了这项非常富有挑战性也十分艰巨的写作任务。

希望我的这个经历对你理解"机械师"思维模型有所启发。

画重点 ————————————————————➤

有助于帮你敲定项目申报选题的 3 个思维模型如下。

（1）"公约数"思维模型——在"我能做"和"出精品"之间寻找"最大公约数"。

（2）"滚雪球"思维模型——在自己最擅长、最有势能的领域做"时间的朋友"。

（3）"机械师"思维模型——把以往的研究成果作为部件拼装组合成一件具体作品。

3.5 追问申报成果（书稿）的学术增量在哪里

本章前面的内容介绍了通过研读近 3 年的项目申报公告找到"恒量"，从而把选题建立在"不变的事物"上，以此获得掌控感和确定性；提供了"公约数""滚雪球"和"机械师"3 种思维模型，帮你建立思考框架，确定适合自己的选题。然而，做到这些还不足以让你的选题脱颖而出，除非它具有学术增量。从本节开始，我将围绕学术增量讨论后期资助项目的选题策略。

3.5.1 为什么要追问学术增量问题

关于这个问题，其实在本书之前的讨论中已经多有涉及。概括来讲，就是各级各类后期资助项目都有这样的基调，即强调自己所资助的成果是具有原创性或开拓性，以及学术创新价值和传承意义的精品力作。而在这样的成果之中没有学术增量，是不可想象的。

我觉得关于这个问题的讨论还可以更进一步：就算拥有学术增量，也不一定能写出一部具有原创性或开拓性，以及学术创新价值和传承意义的精品力作，更何况没有学术增量？

因此，学术增量对于后期资助项目的申报成果而言不是锦上添花，而是基础、起点、规定动作，是必选项。有了对学术增量的定位，接下来的讨论才能引起你的重视，引发你的思考。

3.5.2 学术增量可以体现在哪些方面

对此，我想先从自己的一件往事说起。

我曾经给一家核心期刊投稿过一篇论文。过了一个多月，期刊编辑给我打电话，把自己审读这篇论文的意见反馈给我，并向我提出了一个问题："在您看来，大作的学术增量体现在哪里？"

我当时的第一反应是觉得自己被"冒犯"了。因为那时我刚评上教授，正在国内名校做博士后，合作导师是"长江学者"。坦白地讲，当时的我是有一点膨胀的，而对方只是个核心期刊的编辑，听声音、语气，像是个"刚毕业的大学生"。

虽然感觉上很不好，我还是尽量保持绅士风度，尴尬地聊了聊这篇论文的学术增量。后来我费了九牛二虎之力重新修改完善了这篇论文，并在总结部分增加了一张表格，这篇论文总算顺利发表了。但是这件事对我还是很有启发的，这也是我要把这个经历写进书里的原因。扪心自问，这显然不是我最满意的论文，也正因为不满意，我才没有选择投稿权威期刊、CSSCI 期刊，而只是投到了这家核心期刊。这篇论文究竟有没有学术增量，其实我是心知肚明的，只是当这个真相被别人一眼看透并一针见血地指出来时，自己的颜面有点挂不住。

因此，我们做学问、搞科研，如果连自己的研究成果的学术增量是什么都不是很清楚，甚至找不到学术增量，就很失败了。这就好比把学术文献数据库看作一碗稀粥，而我们的研究成果仅仅是往这碗稀粥里又兑进去一碗水。想想就觉得挺没意思的，是不是？

好了，以上是我用自己的经历着重说明了学术增量的重要性。那么，学术增量可以体现在哪些方面呢？

学术增量有可能体现在以下几个方面。

（1）新资料。

（2）新数据。

（3）新观点。

（4）新概念。

（5）新理论。

（6）新方法。

好，围绕这些"新"，我再简单做个介绍。

1. 新资料

对此，我读博时一位老师在课堂上开的玩笑让我印象深刻。他说："如果你是研究清史的，结果你弄到了一批慈禧太后亲手批阅的奏折，并且是孤本，那你立刻就会成为清史研究的大家。"这个说法可能有些夸张，但它却非常形象地指出了独家且可采信的新资料对学术研究的重要价值。

2. 新数据

可以对新数据从两个层面进行理解。一个是权威部门发布的最新数据。比如国家统计局最新发布的经济数据、人口数据、就业数据等，如果我们能在第一时间使用这些数据进行研究，这会是我们的学术增量。另一个是我们通过自己的田野工作、问卷调查、深度访谈等拿到的第一手数据，这些数据只有我们自己有，别人没有。那么运用这些数据进行的研究也有可能产生学术增量。

3. 新观点

新观点能否成为学术增量，要从两个方面进行分析。如果是有严谨的逻辑推理、科学的研究方法、可采信的数据资料等作为支撑，这样的观点一般是能成为学术增量的；如果没有论据，自说自话，则不仅不能提供学术增量，甚至还会拉低研究成果的质量。

4. 新概念

新概念也面临和新观点相似的问题，可以参考前面的内容。此外，如果是在"重新发明轮子"，用一个看起来较为新奇的概念来指称一个普及度和推广度都很高的已有概念，那就不仅没有必要，甚至还会混淆视听，不如不用。

5. 新理论

从难度上看，提出一个有解释力的新的理论体系往往非常不容易。因此，在这个方面取得建树的学者，往往是本学科专业领域泰斗级别的大家。不过我们也没必要过分悲观，其实给这些理论打补丁，做延伸，使它的现实解释力得以提升并适用于新的时代背景或应用场景，也是非常有价值的工作。

6. 新方法

提出一个新的研究方法的难度也非常大，不过，如果我们能把其他学科专业非常成熟的研究方法迁移到本学科专业的研究议题中，而这种研究方法在该议题的研究中的确促成了很多高价值的研究结论，那么，这显然也是一种学术增量。

最后还需说明的是，这里所说的各种"新"，更多只是提供了一种产生学术增量的可能性，并不必然产生学术增量。它们的价值在于为我们思考学术增量问题提供了一个方向。我们要回答的是这样一个问题：我所要完成的这项成果，在学术上将会贡献什么？是存量、变量还是增量？

3.6 别把存量和变量当成增量

前面我们围绕各种"新"给出了学术增量有可能体现在哪些方面的一般性答案，但是对于这个问题，我们还应该回到本质——学术增量在本质上是什么？回答这个问题才是关键。不是在我们的申报成果中有了前面提到的那些"新"，就可以交差了事。那只是现象，只是提供了可能性，要把可能性变成现实性，我们还得追根溯源，看清学术增量的本质，才有可能从底层逻辑上真正做出学术增量。

下面先澄清学术增量不是什么。目前学术界对于学术增量有两种比较典型的误解，一个是错把存量当成增量，另一个是错把变量当成增量。在我看来，存量和变量都具有学术贡献，但不是所有的学术贡献都能叫增量，因为存量和变量还没达到增量的高度。一旦把这两种误解理清楚了，学术增量的本质也就浮出水面了，如图 3-4 所示。

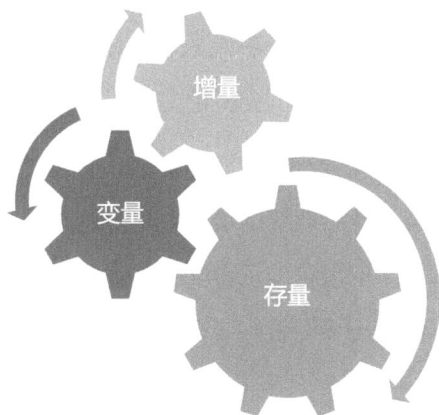

图 3-4　学术贡献的三维构成

一方面，别把存量当成增量。存量在本质上只是对既有研究的"综述"。

什么叫存量？如果纵览你的申报成果，你充其量只是对现有研究成果做了一个大型的或者超大型的学术综述，那么这个申报成果只是在存量上精耕细作，并不带来学术增量。不管它的结构多么精妙，文献工作做得多么深入，事实上，它只是对学术界既有研究进行了收集整理和排列组合，是一种存量上的优化。

另一方面，别把变量当成增量。变量在本质上只是对既有研究的"修补"。

什么叫变量？如果你的申报成果为学术界对该项议题的既有研究提供了一个新的视角，增加了一个新的解释维度，修正了之前研究中存在的一个理论误区，运用新的数据资料或研究方法验证了某个既有理论的正确性……总之，如果只是在这种程度上进行小修小补，那只能算作变量，还达不到增量的高度。

还是打个比方。这就像你把自己一室一厅的单身公寓里胡乱堆砌在一起的各种杂物分门别类地码放整齐，同时又做了保洁工作，清理了很多垃圾，然后你还购置了一架钢琴和一台冰箱——这些努力，基本都还是在变量的层面做功课。直到有一天，你结婚生子、换了三厅一室的房子……这才是增量。

必须承认，我是用一种比较严苛的标准来看待学术增量的。其实做好存量功课，将论文发表在核心期刊上并不难，正如我在前面讲过的期刊编辑问我学术增量问题的那次经历，那篇论文的存量功课基本就是做好了的，那篇论文后来也顺利发表了。而做好变量功课，就有机会将论文发表在 CSSCI 期刊上。

我之所以在这里采取了比较严苛的划分标准，是因为我们要申报的是后期资助项目，尤其是国家社科基金后期资助项目。毕竟这个项目所资助的是具有原创性或开拓性，以及学术创新价值和传承意义的精品力作。高标准、严要求，会倒逼我们成长，同时也不排除当我们做好了存量和变量功课后，就有机会获批这个项目的可能性。

好了，是时候揭晓答案了——严格来说，学术增量的本质是拓展既有研究的认知边界，这要求我们不做知识的搬运工，而是新知识的生产者。

画重点 ————————————————————————————▶

在理解学术增量的时候，别把存量和变量当成增量。

存量在本质上是对既有研究的"综述"，变量在本质上是对既有研究的"修补"，而学术增量在本质上是拓展既有研究的认知边界。

3.7 创造学术增量的 4 种方式

评价一个选题的好坏的标准，肯定不能缺少学术增量的维度。从理论上讲，也是从非常理想的意义上看，既然学术增量在本质上是拓展既有研究的认知边界，那么缺少学术增量的选题是不值得投入时间和精力进行研究的。对于后期资助项目而言，情况更是如此。在本章的最后一节，我将集中回答"如何创造学术增量？"的问题。为此，我设计了一个由加、减、乘、除 4 个维度共同构成的分析框架，姑且称它为"加减乘除增量创造法"，具体如图 3-5 所示。

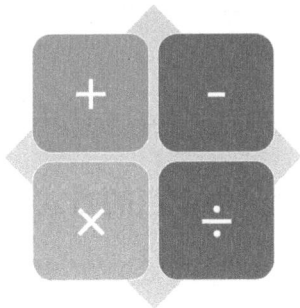

图 3-5　加减乘除增量创造法

3.7.1 加法式增量：用串联的方式创造增量

所谓加法式增量，就是用串联的方式来创造增量。这种增量有点像我们吃的烤串，肉块是被串起来的；或者类似于糖葫芦，是用竹签把山楂、草莓等串起来的。

上述例子虽然比较形象，但还是不太容易让人想到这种方法具体该怎么用。

我举两个获批立项的国家社科基金后期资助项目的名称作为例子，来说明这种方法的用法，开拓你的思路。

● 冷战后国际核秩序、核危机、核战略与核治理研究

看过这个项目名称，是不是就能体会到加法式增量的用法了？

这个项目的名称是"冷战后国际核秩序、核危机、核战略与核治理研究"，它的研究议题是冷战后的国际核问题。具体来讲，它研究的是哪些核问题呢？是核秩序问题、核危机问题、核战略问题和核治理问题。你瞧，它把 4 个问题串联了起来，这就是一个用串联的方式来为冷战后的国际核问题的研究提供学术增量的例证。

再来看另一个立项项目的名称。

● 城市存量工业用地调整的理论、实践与政策研究

这个项目所要研究的议题是城市存量工业用地的调整问题。那么，它是从哪些方面展开研究的呢？有 3 个方面，即理论、实践与政策。你瞧，它是把 3 个"小肉块"串起来了，即用串联的方式把研究的各个维度联系起来，从而对城市存量工业用地的调整问题展开研究。

这就是加法式增量，用串联的方式来创造增量。

3.7.2 减法式增量：用聚焦的方式创造增量

所谓减法式增量，就是用聚焦的方式来创造增量。"聚焦"在物理学上是指控制一束光或一束粒子流，使其尽可能地汇聚在一个点上的过程。常见的放大镜（凸透镜）就有聚焦的功能，它能使平行光线聚焦于透镜的焦点。

将减法式增量运用在我们讨论的学术增量问题上，是指在一项研究议题中"只取一瓢饮"——这项研究议题的容量很大，甚至是一片汪洋，我们只聚焦在其中的一个点上，只对这个点进行深入细致的研究。我还是举几个同样来自获批立项的国家社科基金后期资助项目的名称作为例子。

- 雍乾词坛唱和研究

- 南京方言研究

- 新中国凉山彝族美术发展研究

好，我逐一分析——万一分析错了，敬请包涵，这里只是做一个思维训练的示范。

先来看"雍乾词坛唱和研究"。从外行的角度来看，词坛除了有雍正、乾隆时期的，应该还有其他很多时期的，如顺康词坛、南宋孝宗词坛、明代词坛等；同时，词坛研究涉及的问题，应该不仅仅局限于唱和研究，还有其他议题。但是通过这个立项项目的名称可知，它仅仅关注了"雍乾"，也就是雍正、乾隆时期，对于其他时期的词坛则不做研究。然后，它也只是研究这个时期的词坛的"唱和"问题，其他问题依然不做研究。你瞧，这就是通过做减法的方式，让自己的研究选题聚焦在一个垂直细分的领域，然后进行深入的挖掘和探索。

再来看"南京方言研究"。我们知道中国的方言种类繁多，各具特色。从类型学的角度来讲，方言有以地域来做区分的，有以民族来做区分的，还有从语系的角度、文化的角度来做区分的。这个立项项目的名称非常简洁，只有 6 个字，它是一项关于南京方言的研究。是的，虽然方言种类很多，而项目申请人只聚焦在南京方言。

也许你会觉得这种做减法的方法稀松平常，策划出一个这样的选题似乎也很轻松。不过它能获批立项，很可能是因为南京方言非常典型和极具特色，而且在这个项目获批立项之前，学术界可能还没有出现过这种体量的、对于该议题形成完整体系的研究成果。而要想发现这一点，是需要做大量文献工作，进行长期深入的思考和研究的。或许我们看到的只是 6 个字，但项目申请人的工作量可能会大到让你目瞪口呆。同时，这也是一个把简单留给别人，把复杂留给自己的生动例子。

最后再来看看"新中国凉山彝族美术发展研究"。经过对前面两个立项项目名称的分析，我们可以把这个项目的研究议题理解为"美术发展"减去"其他民族"，再减去"其他地区"，再减去"其他时期"。中国有 56 个民族，项目申请人只选择彝族；彝族生活在很多地方，项目申请人只选择凉山；凉山彝族的美术发展跨越很多时期，而项目申请人只选择新中国成立以来的。

3.7.3　乘法式增量：用并联的方式创造增量

如果加法式增量是用串联的方式来创造增量，那么乘法式增量用的就是并联的方式。这里的"并联"是一个物理学的概念，一般是指把同类或不同类的元件用首首相接、尾尾也相连的方式进行连接。被并联在一起的各个元件之间是并列、平行的关系。

还是举例进行说明。下面是两个获批国家社科基金后期资助项目的项目名称。

- 数字出版内容生产传播方式与消费机制研究
- 海岸带空间脆弱性评估与韧性安全治理研究

第一个项目名称是"数字出版内容生产传播方式与消费机制研究"。按照我的理解，这个项目关注的核心议题是"数字出版内容生产"。显然，这也是一个内容非常丰富的研究议题，然后这个课题更多关注的是数字出版内容生产的传播方式与消费机制。

单从字面意义上来加以理解分析，我们也能大体判断出传播方式与消费机制之间不会是"1+1=2"的简单相加关系，而是存在某种乘数效应。传播方式的不同，会导致消费机制发生变化，而消费机制也会反过来影响传播方式。由此，两者之间构成了一种"并联"的关系，如果有 3 种传播方式、4 种消费机制，两者相结合，3×4=12，也就有了 12 种研究数字出版内容生产的维度。

第二个项目名称是"海岸带空间脆弱性评估与韧性安全治理研究"。这项研究关注的是"海岸带空间"议题。那么它将研究这项议题的哪些维度呢？从字面上分析，它会对海岸带空间进行"脆弱性评估"，然后进行"韧性安全治理"方面的讨论。

把这两个维度放在一起，我们就不难理解背后的逻辑了。海岸带空间越脆弱，它就越缺乏韧性，也就越迫切需要韧性安全治理方面的投入；反之，海岸带空间越具"反脆弱"的属性，它也就越有韧性，对于韧性安全治理的需要也就没有那么紧迫。你瞧，两者之间是具有负相关关系的，而通过脆弱性评估，你就能判断出这个海岸带空间是否需要韧性安全治理，以及其需要韧性安全治理的迫切程度。

于是，这两个命题之间强关联，存在某种乘数效应。而这项研究议题的学术增量，也就存在于两者之间的这种乘数效应之中。

3.7.4 除法式增量：用增加约束条件的方式创造增量

什么是除法式增量呢？在我看来，它指的是为一项研究议题增加特定约束条件，从而创造学术增量。

怎样增加约束条件呢？我还是通过几个获批立项的国家社科基金后期资助项目的名称来说明。

- **低资源场景下的科技文献领域知识挖掘方法研究**

由这个立项项目的名称可知，它研究的是"科技文献领域知识挖掘方法"。而这个项目的学术增量主要靠什么来体现呢？一个特定的约束条件——低资源场景。因此，这个项目研究的是低资源场景下的科技文献领域知识挖掘方法，它只关注这个场景下的情况，其他情况都屏蔽掉。

可能你和我一样，并不熟悉"低资源场景"的具体含义，但这并不妨碍我们借鉴这种思维方式。想必这个场景是主流的科技文献领域知识挖掘方法研究中鲜有人关注的场景，因此研究这个场景下的科技文献领域知识挖掘的方法就有非常重要的价值。

再来看下面这个立项项目的名称。

● 数字赋能乡村振兴高质量发展：基于数字公民视角

这个项目研究的是"数字赋能乡村振兴高质量发展"。这个议题在当前的时代背景和政策环境中可以说是中规中矩、按部就班。然而有了冒号后面的内容，它的"气质"就立刻不一样了。你瞧，它通过增加了一个约束条件，把研究议题限定为"基于数字公民视角"，学术增量就显而易见了。

再一起看看下面这个立项项目的名称。

● 技术时代下的数学教育研究

数学教育应该是一个老生常谈的研究议题了。然而，当项目申请人给它加上了一个"技术时代"的约束条件，就赋予了这项研究议题时代感和现实意义，它的学术增量也由此凸显。

看到这里，你可能会问：增加约束条件看起来和减法式增量没有太大的区别呀，不都是缩小范围、聚焦问题吗？其实两者的差别还是很明显的，减法式增量所减去的是研究议题的内容；而除法式增量并不压缩研究议题所涉内容，而是把研究议题放置在特定的场景和视角之下。

打个不太恰当的比方，如果我们要研究的是一个班级的班委会成员之间的协作关系问题，那么减法式增量的研究议题可能是"班长和团支部书记之间的协作关系研究"，即放弃对班委会其他成员及他们和班长、团支部书记的协作关系的研究，聚焦在班长和团支部书记的协作关系研究上；而除法式增量的研究议题可能是"学校春季运动会场景下的班委会成员之间的协作关系研究"——班委会成员都属于研究内容，但这项研究有了约束条件。

画 重 点 ━━━━━━━━━━━━━━━━━━━━━━━━━━━⟶

可以用"加减乘除增量创造法"来创造学术增量。

1. 加法式增量：用串联的方式创造增量

例如：

- 冷战后国际核秩序、核危机、核战略与核治理研究
- 城市存量工业用地调整的理论、实践与政策研究

2. 减法式增量：用聚焦的方式创造增量

例如：

- 雍乾词坛唱和研究
- 南京方言研究
- 新中国凉山彝族美术发展研究

3. 乘法式增量：用并联的方式创造增量

例如：

- 数字出版内容生产传播方式与消费机制研究
- 海岸带空间脆弱性评估与韧性安全治理研究

4. 除法式增量：用增加约束条件的方式创造增量

例如：

- 低资源场景下的科技文献领域知识挖掘方法研究
- 数字赋能乡村振兴高质量发展：基于数字公民视角
- 技术时代下的数学教育研究

第 4 章

申请书写作

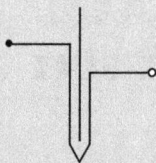

本章以 2024 年 7 月修订[①] 的国家社科基金后期资助项目申请书为例，重点介绍后期资助项目申请书的写作问题。和年度项目相比，后期资助项目的申请书写作需要的技巧更少。毕竟申报后期资助项目更"靠实力说话"，是用申报成果的质量来让自己获批立项的。然而退一步讲，如果申报成果质量上乘，又能写出一份非常好的申请书，那又何乐而不为呢？能在不怎么需要技巧的地方使用技巧，也可以锦上添花，为申报后期资助项目加分。

---

① 本章所涉具体填报数据和填写要求都基于这次修订后的申请书，不排除还会有变化——事实上，近年来，申请书的具体内容一直有微调。因此在申请的时候，应以申报当年的申请书为准。

4.1 成果名称拟定的 5 个原则

在后期资助项目的申请书封面上,需要填写的最重要的信息就是"成果名称"。那么，该如何拟定成果名称呢？我先说明该怎样思考这个问题，然后把我认为的拟定成果名称的 5 个原则一一列举出来，再结合具体例证讨论该如何把这些原则落实在成果名称拟定中。

4.1.1 如何思考拟定成果名称这件事

正如我在前几章反复强调的那样，一旦后期资助项目获批立项，就要结合专家意见把书稿修改完善，然后提交结项申请。而一旦通过结项评审，就会有全国哲学社会科学工作办公室指定出版社的编辑和你联系，沟通出版一部（含多卷本）学术专著的相关事宜。

也就是说，结项成果是出版一部学术专著。因此，以终为始，在拟定成果名称的时候，就要对标学术专著的名称进行打磨。于是，一方面，我做了些检索功课，收集到一些国家社科基金后期资助项目已经结项出版的学术专著的名称；另一方面，我也从国家社科基金后期资助项目申报公告中的 "推荐申报出版机构名单" 中选择了一些出版社，检索了这些出版社近年出版的学术专著。这样一来，我就有了相对丰富且高质量的样本，可以用来提炼拟定成果名称的一般原则了。

基于上述思考过程和行动逻辑，我总结出如下 5 点拟定成果名称的原则。

画重点 ————————————————————➤

为后期资助项目拟定成果名称的原则是规范、专业、准确、简洁和平实。

下面，我将对这 5 个原则进行逐一介绍。我会先给出两个已出版的国家社科基金后期资助项目的结项成果（学术专著）名称，用它们作为范例来对某个拟定原则进行说明，之后再通过例证，看看什么样的名称更适合作为后期资助项目的成果名称。

4.1.2　拟定成果名称的第一个原则：规范

拟定成果名称的第一个原则是规范。我先给出两个已经出版的国家社科基金后期资助项目的结项成果名称，以此来说明拟定成果名称的规范原则。

- 知识学研究　　　　　　　　　　　　　　　　　（2013 年立项）
- 英国慈善活动发展史研究　　　　　　　　　　　（2016 年立项）

第一个成果名称是"知识学研究"，该项目是 2013 年获批立项的。逐一用拟定成果名称的 5 个原则——规范、专业、准确、简洁和平实来审视这个成果名称，都很契合。我在这里重点围绕第一个原则进行说明。

如果一篇期刊论文的名称叫"知识学研究"，就太过笼统，因为该名称所涉及的研究容量太大了，但是对一部学术专著而言，这个名称就很合适。另外，这里的"研究"一词也符合学术专著的规范性，"知识学研究"要比"知识学讲义""知识学导论"等名称好，因为"讲义"也好，"导论"也罢，教材"气息"都比较明显，就不太能体现学术专著的规范性。

第二个成果名称是"英国慈善活动发展史研究"，该项目是 2016 年获批立项的。无论是从构词上看，还是研究逻辑上看，这个名称都非常规范，适合用作一部学术专著的名称。

下面来看一个例子。

- 增进和维系居民幸福感研究调查

这个成果名称怎么样？是不是读起来就觉得有些别扭？这个成果名称的规范性是有待提高的。首先看一下"增进和维系"，按照认知发展的一般路径，居民的幸福感应该是先保持在一定的水平和程度，然后才涉及增进。因此，要先维系再增进，该成果名称的前面部分应该改为"维系和增进"。

继续往后看。"居民幸福感"没什么问题，但是接下来的"研究调查"是有问题的。遵循研究工作的步骤和次序，应该是先做调查，再做研究（狭义上，根据调查得到的数据资料进行研究）；或者说调查是研究（广义上，"研究"覆盖研究计划的全部环节和研究工作的全过程）的一种表现形式，研究是包含调查的。由此可见，不管对"研究"一词做怎样的理解，按照认知发展的一般路径，都应该是调查在前，研究在后。"调查研究"才是更具规范性的表述方式。总之，把这个成果名称改成"维系和增进居民幸福感调查研究"更为合适。

- 增进和维系居民幸福感研究调查 （不规范）
- 维系和增进居民幸福感调查研究 （规范）

4.1.3 拟定成果名称的第二个原则：专业

拟定成果名称的第二个原则是专业。

还是先给出两个已经出版的国家社科基金后期资助项目的结项成果名称，我们一起来深入理解专业原则。

- 区域金融理论与实践探索 （2016 年立项）
- 事件的诗学：保罗·利科的"事件"概念 （2019 年立项）

第一个成果名称是"区域金融理论与实践探索"，这个项目是在 2016 年获批立项的。第二个成果名称是"事件的诗学：保罗·利科的'事件'概念"，这个项目是在 2019 年获批立项的。这两个项目的研究领域都完全超出我的知识储备了，我完全是一个外行，但这并不妨碍我能感受到它们的专业性。前者旨在研究"区域金融"的理论与实践，后者旨在通过对保罗·利科的"事件"概念的分析和阐释来呈现"事件的诗学"。这两个成果名称散发着一种举重若轻、收放自如、专业的气息。

为了便于理解和体会专业的原则，再看一个例子。

- 地方电子政务内卷化问题研究

诵读几遍，你就会发现在这个成果名称中，"内卷化"其实很容易造成认知混淆或误判。通过这个词，我们并不能明确知道这个"内卷化问题"究竟是一个怎样的问题，甚至对于这个命题能否成立都心存质疑。

记得我在《教师力：教学、科研和终身成长》这本书里，为说明高校教师行业的"内卷"其实是一个伪命题，专门就"内卷化"进行过分析。内卷化是一个文化人类学的概念，简单来讲，它描述的是系统在外部扩张条件受到严格限定的条件下（封闭系统），内部不断精细化和复杂化的过程。哥特式建筑是一个比较典型的例子。作为一种风格化的建筑，它所能具有的建筑的功能已经被锁定，然后它只能在细枝末节处下功夫，精雕细琢。

这些年来，"内卷"这个词已经从文化人类学的特定概念发展成网络流行语，以至于但凡我们看到某个行业／领域／岗位竞争很激烈，参与竞争的人付出较多努力但收益并未因此而增加的现象，就会评论一句"太内卷了"。

好了，现在回到对这个成果名称——"地方电子政务内卷化问题研究"的讨论。基于前面的分析，在讨论"内卷化问题"之前，需要先确认"地方电子政务"是一个封闭系统。这是"内卷化"的"必要但不充分"条件，如果连这一点都保证不了，又何谈"内卷化"呢？审视这个成果名称，其还真就不一定能保证这一点。我们知道，地方电子政务显然是电子政务的子集，是在一个更大的科层制系统里的。同时，同一行政级别的"地方"之间，也有很多横向的交流、合作与协同，更不用说还有长三角、珠三角、京津冀这类一体化趋势已经比较显著的"地方"了。面对这样的现实去研究地方电子政务的内卷化问题，也许从限定条件上就不具备立论的基础。

再者，就算前提条件成立，默认地方电子政务是一个封闭系统，但"内卷化问题"的指向依然是不明确的。这个项目究竟要研究哪方面的问题呢？研究什么问题，就直接明确写出来。单单用"内卷化"，其实是比较笼统和空泛的。我把自己能想到的更能体现专业原则的表述方式呈现在下面。

● 地方电子政务内卷化问题研究　　　　　　　　　　　　（不专业）

- 地方电子政务信息共享问题研究　　　　　　　　　（专业）
- 地方电子政务法律法规问题研究　　　　　　　　　（专业）
- 地方电子政务公众接受问题研究　　　　　　　　　（专业）

......

4.1.4　拟定成果名称的第三个原则：准确

拟定成果名称的第三个原则是准确。我还是以两个已经出版的国家社科基金后期资助项目的结项成果名称作为范例进行分析。

- 战法实验理论研究　　　　　　　　　　　　　　（2013 年立项）
- 隐形的网络：社会系统中的法律　　　　　　　　（2018 年立项）

第一个成果名称是"战法实验理论研究"。即使不太清楚什么是"实验理论"，至少也能看出这个名称的表述是十分准确的，研究议题也很明确。第二个成果名称是"隐形的网络：社会系统中的法律"。该项目研究的是社会系统中的法律问题，研究议题非常清晰、精准。然后，它用"隐形的网络"来指代社会系统中的法律，这个类比的修辞手法也非常精妙。社会系统本身就是一个网络，而法律则是其中看不见、摸不着，但对整个社会系统的正常运转发挥重要作用的一种"隐形"存在。这个类比其实也传递出该成果的研究重点，它关注的是拥有"隐形的网络"特性的法律。

接下来，我们还是通过两个例子来理解准确原则。

- 促进县域城乡融合发展策略探赜

这个成果名称的准确性怎样？先看它的表述方式，前面写的是"促进"，后面写的是"县域城乡融合发展策略探赜"。那么问题来了，研究的重点是放在促进上，还是放在探赜上？两者其实是有很大差异的。如果把重点放在促进上，研究价值就被削弱甚至架空了；如果把重点放在探赜上，前面的"促进"就成了干扰项。

再来看一下研究议题本身。县域城乡融合发展策略是指把对城乡融合发展策略问题的讨论放置在"县域"视角之下，以县为分析单位来提供发展策略。但从它表意的准确性上看，把"县域"直接放在研究议题的前面，终究是有些别扭的，有把研究视角和研究主旨混为一谈之嫌，也稀释了研究视角的价值。

综合以上分析，把成果名称修改为下面这样，准确性会更强。

- 促进县域城乡融合发展策略探赜 （不准确）
- 城乡融合发展策略研究——以县域为单元的考察 （准确）

再看一个例子。

- 校园霸凌现象分析与对策研究

对校园霸凌现象进行分析是没问题的，为校园霸凌问题提供解决对策也是可以的，但把两者放在一起，就出现了问题。现象分析要分析的是校园霸凌现象，而对策研究要研究的是校园霸凌问题，前者分析现象，后者解决问题，对策针对的不是现象，而是问题。所以，严格来讲，"分析"和"对策"针对的研究议题是不一样的，而这个成果名称并未把这种区别表达出来。

如此看来，"校园霸凌问题的生成逻辑及其矫治策略研究"就比原来的成果名称更准确，研究议题得以统一，内在冲突消失了，表述方式也更具学理性和规范性。

- 校园霸凌现象分析与对策研究 （不准确）
- 校园霸凌问题的生成逻辑及其矫治策略研究 （准确）

4.1.5 拟定成果名称的第四个原则：简洁

拟定成果名称的第四个原则是简洁。我还是以两个已经出版的国家社科基金后期资助项目的结项成果名称作为范例进行分析。

- 黄遵宪年谱长编 （2016 年立项）
- 中国地学会研究（1909—1924） （2016 年立项）

"黄遵宪年谱长编"这个成果名称共有 7 个字，减少这里面的任何一个字，都会导致这个成果名称缺失重要信息；"中国地学会研究（1909—1924）"也是一样，非常简洁，少一个字，哪怕只少一个标点符号，该成果名称也会让人看不懂、读不通，无法传递该成果的完整必要信息。在我看来，这两个成果名称把对简洁原则的遵循做到了极致，因此令人印象深刻。

我们还是通过两个例子深入理解简洁原则。

先看一个例子——"关于最完美的国家制度和乌托邦新岛的既有益又有趣的金书"。这个名称简直是简洁的敌人，完全与简洁原则背道而驰，但是令人难以置信的是，这的确是托马斯·莫尔的代表作《乌托邦》在首次出版时使用的书名。

之所以会是这个样子，是和特定的时代背景分不开的。当时的印刷成本，包括用于印刷的纸张的成本很高，导致图书是非常昂贵的商品。因此，如果书名只有几个字，就不利于读者了解这本书的具体内容，也就不利于图书的销售。所以，当时的书名根本不遵循简洁原则，大家都恨不得使书名布满整个封面，尽可能地写得长一些，透露更多书中的内容。例如，《鲁滨逊漂流记》的原版书名叫作《约克出生的海员鲁滨逊·克鲁索有个不可思议的惊人生涯，他是海难船上唯一的幸存者，在俄罗诺克河河口的孤岛上奋勇求生，单独过了二十八年，终于被海盗船救起的详情，全文以第一人称叙述》。你瞧，这快赶上内容提要的篇幅了。

到了后来，图书不再那么昂贵，书名才逐渐完成从不厌其烦到言简意赅的转变，莫尔的这本书才被改为《乌托邦》。

- 关于最完美的国家制度和乌托邦新岛的既有益又有趣的金书　（不简洁）
- 乌托邦　　　　　　　　　　　　　　　　　　　　　　　　（简洁）

再看一个例子——"医学人类学的产生背景、代表人物、主要观点、理论体系与学科发展"。这个成果名称出现在《鲁滨逊漂流记》刚出版的那个年代就是一个好的成果名称，现在则最好改为"医学人类学导论"之类的名称。

- 医学人类学的产生背景、代表人物、主要观点、理论体系与学科发展

（不简洁）

- 医学人类学导论　　　　　　　　　　　　　　　　　　　（简洁）

4.1.6　拟定成果名称的第五个原则：平实

拟定成果名称的第五个原则是平实。老规矩，先看范例。

- 社会资本与近代企业发展——以中兴煤矿为中心　　　（2016 年立项）
- 立法机关的宪法解释机能——比较法视野中的体系性研究

（2017 年立项）

第一个成果名称的主标题是"社会资本与近代企业发展"，它的副标题是"以中兴煤矿为中心"。第二个成果名称的主标题是"立法机关的宪法解释机能"，它的副标题是"比较法视野中的体系性研究"。怎么样？这两个成果名称都很平实，研究的是什么就说什么，没有华丽的辞藻、花哨的表达。至于为什么会有平实这个原则，主要在于这些成果是学术专著，而且是那种追求学术传承价值的学术专著。经验及事实表明，越是名称夸张、花哨的成果，就越经不起时间的洗礼和历史的推敲。

我们还是通过两个例子来深入理解平实原则。

先看一个例子——"闪耀的青春像花儿一样肆意怒放"。这个成果名称除了"青春"之外，几乎没有传递什么有效的信息，我们也就不知道申报者想做一项怎样的研究。这种极尽夸张的表达方式，弄得评委都不放心把项目批给申报者去做。如果能把它改成类似"青春叙事比较研究"的名称就会好一些，至少它变得平实，比较靠谱了。

- 闪耀的青春像花儿一样肆意怒放　　　　　　　　　　（不平实）
- 青春叙事比较研究　　　　　　　　　　　　　　　　　（平实）

再看一个例子——"'丧'并快乐着：三和大神的颓废人生你不懂"。这个成果名称似乎有点畅销书的味道，或者像是纪实文学作品。但对学术专著来说，这种名称多少有些浮夸。这个时候就能看出作者（包括编辑团队）的功力了，最终这本书的名称定为《岂不怀归：三和青年调查》，这本书由海豚出版社于 2020 年 7 月出版。由此可以看出，这本书研究的是"三和青年"，使用的研究方法是"调查"。然后作者还在前面用典，加上"岂不怀归" 4 个字，这不仅让研究立意得以升华，还使作品散发着浓浓的文化气息。

- "丧"并快乐着：三和大神的颓废人生你不懂　　　　　　（不平实）

- 岂不怀归：三和青年调查　　　　　　　　　　　　　　　（平实）

在本节的最后我再给出一个建议。正如我在提炼拟定成果名称的这 5 个一般原则时所做的那样，我希望你也能多关注获批立项的国家社科基金后期资助项目的名称，同时，我也推荐你去了解一下被列入国家社科基金后期资助项目"目前暂定的推荐申报出版机构名单"中的出版社，看看在这些出版社出版的学术专著的名称都是如何拟定的。这可以培养你对拟定成果名称的敏感性，有助于你拟定令人满意的成果名称。

画重点 ◆━━━━━━━━━━━━━━━━━━━━━━━━━━━◇━━▶

为后期资助项目拟定成果名称的原则是规范、专业、准确、简洁和平实。同时，为了培养自己对拟定成果名称的敏感性，还可以做好以下两点。

（1）关注获批立项的国家社科基金后期资助项目的名称。

（2）对标"目前暂定的推荐申报出版机构名单"中的出版社已出版的学术专著的名称。

4.2 封面和数据表的填写提示

在本节，我将介绍申请书的封面和数据表该如何填写。整体的填写原则是：

形式规范整洁，内容真实可查。填写之前还要再次确认自己是否真的符合申报条件，以及申报成果是否真的符合申报要求。

4.2.1 封面填写要点提示

先看封面。如实填写要求填写的各行内容即可，建议将格式设置为"居中对齐"，如图 4-1 所示。这种格式看起来比较整洁，整体上也非常规范。

需要注意的是，第一行"成果名称"如果只有几个字，不超过一行，那么没问题，居中填写就好；如果超过一行，建议将格式设置成"两端对齐"，然后在换行时，把一个完整的词放置在同一行，不要分拆到两行；成果名称最好控制在两行以内，如果超过两行，建议你对照前面提到的 5 个拟定成果名称的原则，对成果名称做审视和修改。

此外，对于"项目类别"，如果申报公告/通知中注明"申请重点项目未达到立项要求但达到一般项目标准的可立为一般项目"，可以按"就高不就低"原则进行填写。对于"学科分类"，可以按"学科就近"原则进行填写。

成 果 名 称	校园霸凌问题的生成，逻辑及其矫治
	策略研究
项 目 类 别	重点项目
学 科 分 类	**文化社会学**
申 请 人 姓 名	老踏
申请人所在单位	学术链@科研院
填 表 日 期	20××年×月×日

图 4-1　申请书封面填写示例

4.2.2 数据表填写要点提示

再看数据表。首先要说明，在要填写的各级各类后期资助项目申请书里，通常会有填表说明或者填写注意事项，这些内容请一定认真阅读、遵照执行。我在这里只强调需要注意的要点。

表 4-1 是 2024 年国家社科基金后期资助项目申请书中的数据表（部分截取），其中有如下需要注意的填写要点。

表 4-1　2024 年国家社科基金后期资助项目申请书中的数据表（部分截取）

成果名称							
主题词							
成果形式	A专著　　D调研报告　　　E工具书　G资料汇编、其他						
学科分类		申报成果字数		万字	最终成果字数		万字
计划完成时间			年　月　日	申请经费			万元
项目类别		A重点项目　　B一般项目		是否已申请2024年国家社科基金各类项目			
申请人姓名		性别		民族	出生日期		年　月　日
行政职务		专业职务			研究专长		
最后学历		最后学位			担任导师		

第一，在填写"申报成果字数"与"最终成果字数"这两项时，除了写清实际字数（或预估字数）外，还要注意两者之间的比例关系。一般而言，申报成果字数至少要达到最终成果字数的 80%。这个比例请一定把握好。比如申报成果字数是 16 万字，那最终成果字数就不要超过 20 万字，否则比例关系会被打破。严格来讲，达不到最终成果字数 80% 的申报成果就是不符合申报要求的。

第二，"申请经费"和"项目类别"要相匹配。如果申报的是重点项目，"申请经费"栏就填写"35 万元"；如果申报的是一般项目，"申请经费"栏就填写"25 万元"。

第三，其他需要说明的内容。"成果形式"是什么就填什么，只是考虑到更多申报成果的形式都是"专著"，而且专著也更具可通约性，因此我在本书中主要是以专著来进行介绍讲解的；"计划完成时间"可以填写为预期立项时间后的1~3年；"是否已申请2024年国家社科基金各类项目"如实填写即可，这里针对的是申报当年。

表4-2展示的是2024年国家社科基金后期资助项目申请书中数据表的"申报成果与博士论文/博士后报告关系"部分。对于这个部分，填写建议如下。

表4-2　数据表的"申报成果与博士论文/博士后报告关系"部分

博士毕业单位			博士导师姓名	
博士论文名称			论文通过时间	
成果是否以博士论文为基础		是否提交博士论文原文及修改说明		
博士后研究单位			合作导师姓名	
博士后报告名称			出站时间	
成果是否以博士后报告为基础		是否提交博士后报告原文及修改说明		

这部分内容的填写原则还是实事求是，即如实填写。需要注意的是，如果申报成果以博士学位论文、博士后研究报告为基础，除了要如实填写"是"外，一定要提交博士学位论文、博士后研究报告原文及修改说明。这也意味着在"是否提交博士论文原文及修改说明"或"是否提交博士后报告原文及修改说明"栏中一定要填写"是"。

鉴于申报公告中的要求一般是以博士学位论文、博士后研究报告为基础申报重点项目、一般项目，论文或报告完成日期应为"三年以上"，并在原论文或报告基础上进行"实质性修改"，且增删、修改内容篇幅达到原论文或报告字数"30%以上"，因此，你要先确认自己的申报成果是否满足"三年以上""实质性修改""30%以上"这些条件。如果确实不满足，那就等到满足条件之后再申报。

要知道你申报的只是一个科研项目，可你要以自己的整个职业生涯做担保。

如果违规申报，一旦被查实，后果是很严重的。

接下来的内容就是博士学位论文、博士后研究报告修改说明的写作建议了。等你看过本书第 5 章 "申报成果写作" 中有关 "怎样理解实质性修改达到原论文字数 30% 以上" （5.6 节）和 "落实实质性修改达到原论文字数 30% 以上的写作建议" （5.7 节）这两节内容后，也的确进行了修改，那么你的心里就有底气了。到时候，只需原原本本地描述自己所进行的实质性修改，这份修改说明就完成了。

我们再来看看这个数据表的最后两项，一项是 "本成果主要合作者"，一项是 "本成果受过何种资助"，如表 4-3 所示。

表 4-3　数据表的最后两项

所在省（自治区、直辖市）				所属系统			
工作单位							
通讯地址					邮政编码		
联系电话	（办）		（宅）			（手机）	
电子邮件							
本成果主要合格者	姓名	专业职务	研究专长	学历	学位	工 作 单 位	本人签名
本成果受过何种资助							

关于 "本成果主要合作者"，按年度项目申请书的数据表中的 "课题组成员" 来把握就差不多。不过，鉴于后期资助项目对申报成果质量的期待还是很高的，主要合作者的资质也要相应地达到高标准、满足严要求才好。具体来说，也就是主要合作者的专业职务、研究专长、学历、学位、工作单位应尽量让评委在看完后觉得，主要合作者和申报者能组成一支完成申报成果写作 / 研究任务的 "梦之队"。

另外，也有人向我咨询，"本成果主要合作者"是否可以空着不填。我的建议是：既然申请书里设计了这一栏，就意味着"甲方"是希望申请人有合作者的。再者，从评委进行评审的角度来看，填上，是完成规定动作，不一定加分；不填，则是留下个空缺项，有可能减分。因此综合来看，填要比不填好。

关于"本成果受过何种资助"，如实填写就好。同时不要忘记，申报后期资助项目的成果是有限制性规定的。例如，《2024年国家社会科学基金后期资助暨优秀博士学位论文出版、优秀学术著作再版项目申报公告》中规定，"属于国家社科基金项目、国家自然科学基金项目及其他国家级科研项目、教育部人文社会科学研究各类项目的研究成果"不得申报。

因此，如果你的申报成果已经受过这些项目的资助，那就不是如实填写的事了，而是你并不具备申报资格。这也是我在本节开篇就强调"填写之前还要再次确认自己是否真的符合申报条件，以及申报成果是否真的符合申报要求"的原因。

违规申报的后果是比较严重的，因此建议三思而后行，本着对自己职业生涯负责、恪守学术纪律要求的态度来面对这件事。

4.2.3 相关项目及成果填写要点提示

再来看看填写"相关项目及成果"表格的要点。表4-4展示的就是这张表格。我给出的填写建议是如实填写，要项优先。

填写建议一：如实填写

无论是"本人承担过的国家级基金项目、教育部各类项目及中国社科院创新工程项目""本人历年已出版的直接相关著作"还是"本人近两年内发表的相关论文"，首先要确保所填写信息的真实性和准确性，也就是要做到如实填写。在这张表格中，"本人历年已出版的"和"本人近两年内发表的"是非常容易界定的，除非你是假装没看懂而想浑水摸鱼。最容易出问题的是第一项，即对"本人承担过的"的理解可能不准确。

表4-4 "相关项目及成果"表格

本人承担过的国家级基金项目、教育部各类项目及中国社科院创新工程项目					
序号	项 目 名 称	项目类别	编号	是否结项	是否出版

本 人 历 年 已 出 版 的 直 接 相 关 著 作		
序号	著 作 名 称	出版社及出版时间	与申报成果有无重复及比例

本 人 近 两 年 内 发 表 的 相 关 论 文		
序号	论 文 名 称	发表期刊	时间

从狭义上理解，自然是申请人作为项目主持人所承担过的项目才属于"本人承担过的"科研项目。这个边界是很清晰的，不存在争议。事实上，我两次获批立项国家社科基金后期资助项目、一次获批立项国家民委民族研究后期资助项目，填写这项内容的时候，填写的就是我作为项目主持人承担过的科研项目。

让很多人纠结的是，自己参与过的科研项目究竟算不算"本人承担过的"？对于这个问题，我觉得的确存在着一个弹性空间。但究竟如何权衡取舍，还是留给你自己去做判断吧。毕竟申报项目的人是你，项目不能获批的责任将全部由你承担。谁负责就由谁来做决定，这比较公平。

填写建议二：要项优先

这个建议是说，要填写的每一个类别，不管是项目、著作还是论文，都按照"要项优先"的原则进行排序。

第一，项目。国家级基金项目要排在教育部各类项目的前面，教育部各类项目要排在中国社科院创新工程项目的前面；如果有重大项目、重点项目和一般项目（青年项目），那么把重大项目排在重点项目前面，重点项目排在一般项目（青年项目）前面；如果都是同类项目，则与申报成果相关度越高的项目排在越前面。还有一种最简单的排序方法，即按立项时间倒序排列。也就是说，距离填表时间越近的立项项目填在表格中越靠前的位置。

第二，著作。与申报成果相关度越高的著作排在越前面，出版社级别越高的著作排在越前面，自己越满意的著作排在越前面。或者还和前面说的一样，按出版时间倒序排列。

第三，论文。发表在越高级别期刊上的论文排在越前面，通常按"权威期刊—CSSCI 期刊—北大核心期刊—普通期刊"来排序；个人贡献越大的论文排在越前面，通常按独立作者、第一作者、第二作者等的次序来排序；与申报成果相关度越高的论文排在越前面；自己越满意的论文排在越前面。或者还是按发表时间倒序排列。

在填写"相关项目及成果"表格时应注意以下几点。

其一，项目板块。未结项的项目不宜填写过多，否则容易被质疑研究申报项目的时间和精力不够充足。

其二，著作板块。在填写"与申报成果有无重复及比例"一栏时，如果有重复，重复比例应该在 10% 以内，否则按目前的申报要求来看，对当前项目的申报就属于违规申报。同时，若实际上重复比例很高，不能硬着头皮不承认，填一个 10% 以内的重复比例。道理前面多次强调了，这里就不再多说。

其三，论文板块。审核中、返修中、拟录用、已录用的论文不应填写，因为该板块的填写要求很明确，是"发表"。对"近两年内"的把握方面，严格来讲，要从填表月当月往前推算 24 个月，模糊处理的话，也可以从填表年当年往前推算两年。

画重点 ————————————————————————➤

封面、数据表（包括"相关项目及成果"表格）的整体填写原则是：形式规范整洁，内容真实可查。

填写前还要再次确认以下两点。

（1）自己是否真的符合申报条件。

（2）申报成果是否真的符合申报要求。

填写封面时，各项居中对齐为妥，如果成果名称超过一行，两端对齐为宜。

在数据表的填写中，需留意"申报成果字数"与"最终成果字数"之间的比例关系要适当，"申请经费"和"项目类别"要匹配。如果以博士学位论文、博士后研究报告为基础进行申报，记得提交博士学位论文、博士后研究报告的原文及修改说明，并且确保申报成果的实质性修改内容超过规定比例。

相关项目及成果的填写建议是如实填写，要项优先。

接下来，集中看看申请书的核心部分——"申报成果介绍"的写作要点。先来看看申请书里的写作提示：

本成果主要内容（详写），主要观点，研究方法，学术创新，学术价值；存在问题和需要改进之处，未完成章节情况；下一步研究计划。……（此栏目不超过 4500 字）

从下一节开始，我会对写作提示中的这些要素进行逐一拆解，给出写作要点与建议。

4.3 "本成果主要内容"的写作要点

在"申报成果介绍"的各个构成要素之中，"本成果主要内容"最先出场，并且有要求"（详写）"。其中的道理也容易理解，评委想要对申报成果形成一个基本印象，最该知道的就是这个成果的主要内容是什么。那么，怎样写作本成果主要内容呢？我认为至少有两种方式可供参考。

4.3.1 写作方式一：分章叙事

分章叙事比较好理解，也容易操作。简单来说就是按照申报成果本身的章节结构来对其主要内容进行介绍。可以先整体说明提交的申报成果是由 6 章还是 8 章构成的，再具体介绍申报成果第 1 章的主要内容是什么，第 2 章的主要内容是什么，依次类推。

这种写法的写作难度较低，和申报成果的章节结构也最为契合，容易给评委提供更多的确定性。但随之而来的问题是，这种写法不容易让评委通过内容看到背后的逻辑脉络，只回答了"是什么"而难以呈现"为什么"，让人知其然而不知其所以然。

4.3.2 写作方式二：逻辑叙事

比较而言，逻辑叙事在很大限度上弥补了分章叙事的缺点。所谓逻辑叙事，就是按照研究逻辑进行申报成果的内容呈现。这种写法遵循的就不再是外在的章节结构了，而是内在的研究思路和分析脉络。

在具体行文时，可以先整体介绍申报成果研究的是一个什么问题，再按照研究逻辑展开叙事。研究逻辑可以是"是什么—为什么—怎么办""提出问题—分析问题—解决问题""提出假设—进行实验／检验—证实／证伪"这种比较典型的三段论逻辑，也可以是相对个性化的"选题背景—研究准备／理论基础—分析框架／模型搭建—学理分析／实证检验—案例研究／比较研究—结论呈现"。总之，逻辑叙事让人可以通过内容看到背后的逻辑脉络，以此呈现成果的主要内容。

相对于分章叙事，逻辑叙事的使用难度要高一些，同时它也面临着需要评委自行把研究逻辑转化为申报成果实际内容的问题，这有可能增加评委的认知负担和阅读转化成本。而且，如果研究逻辑并未在申报成果的实际内容中得到很好的体现，也会造成评委期待较高和交付结果差强人意之间的落差。

以上讨论对于写作申报成果，尤其是设计成果的章节结构是有重要启发的。这个启发在于，如果能把研究逻辑落实和体现在申报成果的章节结构之中，就可以减少甚至消除评委的认知负担和阅读转化成本。那么，怎样实现这一点呢？我将在 5.1 节"申报成果章节目录设计的 6 个要点"中进行介绍。

4.3.3 写作内容要点：重点呈现"研究了什么"

在解决了怎样写作本成果主要内容的问题之后,还要了解写作的重点在哪儿。在本成果主要内容的写作中，要展示的是申报成果"研究了什么"，而不是概括"观点是什么"或者"结论是什么"。

能够看出，这两者的写作目标是很不一样的。"研究了什么"是去介绍、去描述、去呈现，更能呈现本成果主要内容的原本面貌；"观点是什么""结论是什么"则是去概括、去提炼、去总结，偏离了对本成果主要内容的展示，而是对本成果研究观点和结论的归纳整合。严格来说，后者已经跑题了，不是在客观呈现本成果主要内容。

打个比方，本成果主要内容更应该是一篇新闻通稿，而不是一份观点摘编或者论文摘要，它们的侧重点还是有很大区别的。

画重点 ———➤

本成果主要内容的写作要点如下。

（1）从写作方式上看，可以分章叙事，逐章呈现成果的主要内容；也可以逻辑叙事，按照研究逻辑把成果的主要内容加以呈现。

（2）从写作内容上看，要重点呈现本成果"研究了什么"，而非"观点是什么"或"结论是什么"。

4.4 "主要观点"和"研究方法"的写作技巧

不要把本成果主要内容写成"观点是什么"的原因，也在于"申报成果介绍"的构成要素里是有"主要观点"这一项的。在本节，我们就来看看"主要观点"该如何写作，以及"研究方法"该怎样呈现。

4.4.1 "主要观点"的写作要点

在写作主要观点时，要先避开两个误区：一个是把它写成研究结论，另一个是把它写成研究评述。

一方面，不要把主要观点写成研究结论。可能你会问，写成研究结论又能怎样呢？在过去的经历中，我也遇到很多这种"较真"的人。其实道理很简单：如果人家真的希望看到研究结论的话，那为什么不在"申报成果介绍"的写作提示之中直接要求写研究结论呢？非得兜个圈子，只要求写主要观点，然后期待你提供的是研究结论，这不合逻辑吧？

通俗地说，"游戏规则"是人家制定的，人家想要看什么，你提供什么就好，否则就是审题不清，就是答非所问。至于人家为什么想看主要观点，不看研究结论，这不是你需要思考的问题，因此没必要纠结。

当然这就延伸出来一个问题，即有的人真就会"打破砂锅问到底"——既然在申报成果介绍里不能写研究结论，那研究结论究竟该写在哪里呢？答案当然是写在申报成果里。在申报成果每一章的小结里、在申报成果的结语里都可以写研究结论，而且必须写研究结论。如果这样还是觉得不够明确和聚焦，甚至可以在申报成果的开头直接单列一个内容提要（类似于学位论文的摘要）。

另一方面，不要把主要观点写成研究评述。也就是说，不能泛泛地、在一般意义层面去讨论申报成果所关注的研究议题。例如，我们写当前议题在国内外学术界的研究现状是怎样的，这项议题好在哪里、差在哪里，应该在哪些地方强化、在哪些地方弥补。这种写作方式自然会让你觉得很舒畅，也显得自己很专业，能极大满足你"挥斥方遒"的虚荣心，但是千万不要忘记，人家在这里想要看到的，不是你对这项议题的研究进展进行梳理的"激扬文字"，而是你的申报成果的主要观点，这是完全不同的两回事。

这种写法，基本属于"下笔千言，离题万里"。强烈建议不要这么做。

那么，主要观点究竟该怎么写呢？

这里的主要观点，指的是申请人在所提交的申报成果中所持的学术观点和研究主张。在具体写作中申请人要回答：对于当前研究议题，自己（和主要合作者）的学术观点和研究主张是什么。而且，正是基于这些观点和主张，申请人完成了申报成果的写作，这些观点和主张已经充分融入和体现在申报成果中了，而不是空谈。

为了便于理解，我举个例子。下面这段关于主要观点的介绍，节选自我获批立项的国家社科基金后期资助项目的申请书。当时我的申报成果的名称是"现代民族国家建构：理论、历史与现实"。

为了对民族国家的当代境遇和发展前景做出科学判断，需要从理论、历史和现实三个维度系统考察民族国家建构问题：①通过理论维度系统理解民族国家建构的基本线索、主要内容、本质特征和一般规律，形成对于民族国家及其发展演进的理性认识；②通过历史维度全面展现民族国家建构在全球范围的演进历程，为理解民族国家的当代境遇提供历史关照和逻辑线索；③通过现实维度深度展现全球化时代民族国家遭遇的挑战，系统剖析学术界"反对民族国家"的主要观点，形成对于民族国家历史命运的前景瞻望。

民族国家是基于特定历史背景、时代特征和现实需要而出现的特定国家形态，是国家形态历史演进的必然结果。民族国家的历史建构是有章可循的，有其产生、发展和演进的一般规律。对于这一规律的认识、提炼和总结，形成了国家建构理论。及至当代，新兴民族国家的建构则是在国家建构理论与建构民族国家实践的相互影响、彼此促发下做出的具体选择。

民族国家是由一个或多个民族基于共同的国家认同而建立的主权国家。民族国家是在国家形态历史演进中出现的一种具体类型，和民族国家处于同一序列的国家类型是城邦国家、王朝国家（封建帝国）等。如果把民族国家出现之前存在过的国家形态称为"传统国家"，那么也可以把民族国家称为"现代国家"或"现代民族国家"。以掌控国家政权的民族数量多少为分界，可以把民族国家的基本形式划分为单一民族国家和多民族国家。

希望以上讨论及这几段节选的文字，对你写好主要观点有启发。

画重点

主要观点的写作提示如下。

（1）避开两个误区：不要写成研究结论，也不要写成研究评述。

（2）主要观点指的是对于（申报成果所关注的）这项研究议题，申请人（和申请人的主要合作者）的学术观点和研究主张是什么，并且要确保这种观点和主张已经体现在申报成果之中。

4.4.2 "研究方法"的写作要点

第一，在申报成果中具体运用了哪些研究方法，就写哪些研究方法。没有具体运用的研究方法，再怎么前沿或新颖，也不要写。

第二，写作重点不是介绍这种研究方法"是什么"，而是要重点介绍这种研究方法在申报成果中是"如何运用"的。不要抽象地介绍某种 / 某些研究方法，甚至一本正经地给这种 / 这些研究方法下定义。要知道从评委的视角看，这样的文字描述对他们是一种"冒犯"。评委们作为在学术研究领域深耕多年的评审专家，不需要你来给他们做科普——什么是比较分析法，什么是历史文献法。即使他们有可能不熟悉某种研究方法，他们也会自行补课，不需要申请人来给他们讲解。默认评委懂相应研究方法，往往对申请人更有利。

记住，一定要带着"评委读到这样的文字会有何感想？"的审视态度来写申请书（包括申报成果）。

第三，如果篇幅允许，还可以写出这种研究方法是具体运用在了申报成果的哪些内容中，篇幅不允许就不写。因为"申报成果介绍"一共就只有4500字的篇幅，所以要做好取舍。

第四，方法论可以写，但一定要控制好比例。有的项目申请人愿意把对理论联系实际、历史和逻辑相统一、定性与定量相结合、多学科交叉进行综合研究之类的方法论的陈述也写进研究方法部分。如果只是一两句话，篇幅允许，可以写，但一定要注意，从功能上看，方法论只是绿叶、前奏或者附录，不会是鲜花、主旋律或者正文。

画重点————————————————————————————➤

研究方法的写作要点如下。

（1）在申报成果中具体运用了哪些研究方法，就介绍哪些研究方法。如果篇幅允许，最好把某种研究方法运用在了哪些内容中也体现出来。

（2）方法论可以提，但一定要控制好比例。方法论占比越高，对研究方法的写作就越跑题。

4.5 "学术创新"和"学术价值"的写作技巧

在我看来，学术创新是指相对于该项议题的中外既有研究成果而言，申报成果的原创性或开拓性体现在哪里。能够体现原创性或开拓性的内容，就是申报成果取得学术创新的内容。因此，把这些内容组织提炼后写出来，就可以了。

学术价值具有两个方面的含义：一个是共性价值（广义），另一个是个性价值（狭义）。

共性价值是指，申报成果对于该项议题的研究所具有的普遍价值。比如搭建了一个理论分析框架，建构了一个指标体系或者评估模型，找到了一个或多个关键变量，取得了一系列重要理论发现，等等。这意味着申报成果对该项议题的后续研究、这一类研究的开展具有参考借鉴意义。

个性价值是指，申报成果对于该项议题的研究所具有的特殊价值。比如提供了一个独特的视角，找到了一个学术界没有注意到的切入点，把该项议题的研究放置在了一个特定的阶段（时间）或场景（空间）之中，等等。个性价值会让申报成果脱颖而出、引人注目。

严格来讲，学术创新和学术价值是有区别的。但是从具体写作的层面来看，想要把两者区分开也并不容易。因此，申请人可以根据自己的情况来把握，是把两者分开写比较好，还是合并在一起来写更妥当。哪种写法自己更容易驾驭，采用哪种写法写出来的内容自己更满意，就按哪种方式来写。

为了便于理解，还是举个例子。以下内容同样来自我获批立项的国家社科基金后期资助项目的申请书。

学术创新

从理论、历史与现实三个维度系统考察现代民族国家建构，形成对于现代民族国家建构的规律性认识，对民族国家的历史命运和发展前景做出科学判断和合理瞻望，指出全球化时代"重构民族国家"的一般路径选择。

学术价值

①国内对于现代民族国家建构问题的规范研究较为罕见，更没有出现从理论、历史与现实三个维度就此进行系统考察的研究文献；②现代民族国家建构是对近代以来世界范围内的民族国家历史演进具体道路的理论抽象，也是对不同类型民族国家历史演进本质特征的学理概括；③对于民族国家建构模式的类型学划分及其规律总结，可以透过世界各国千差万别的民族国家建构具体道路及其效果去洞见民族国家建构的本质和规律，推动该问题研究朝着学科化、理论化、规范化的方向发展；④能够帮助我们把握民族国家建构的一般规律和基本经验，为我国建构现代民族国家的实践提供理论参考与他国镜鉴。

需要说明的是，不要把中标申请书里的内容看成成功的范例。这么多年的项目申报实践让我明白，项目中标与否是多种因素共同作用的结果。多看多学中标申请书自然是有效的，但同时我们也要明白"尽信书不如无书"的道理，保有批判精神和坚持独立思考。

画重点 ————————————————————————▶

学术创新的写作是要回答"申报成果的原创性或开拓性体现在哪里"。

学术价值由共性价值（广义）和个性价值（狭义）两个方面构成。其中，共性价值是申报成果对于该项议题的研究所具有的普遍价值，个性价值则是申报成果对于该项议题的研究所具有的特殊价值。

学术创新与学术价值是否合并在一起写，视具体情况而定。

4.6 "存在问题和需要改进之处"的写作建议

第一，存在的问题是一定要写的。我们对自己的成果，往往颇为自豪，就像在父母的眼里，自己的孩子都是最棒的。但是我们还是要拿出科学精神，客观冷静地评估自己的申报成果，指出其中存在的问题。一定记得，夸奖和赞美的话要留给评委。我们不做自我表扬，更不能一厢情愿地认定自己的申报成果毫无缺点。我们在申报成果存在的问题的写作中表现出的任何自负，都是有代价的。

第二，存在的问题要写，但一定要把握好度，这些问题不能太严重。对于存在的问题的性质和程度要拿捏好，不能存在太严重的问题。如果写"申报成果的问题在于支撑本项研究的基本前提假设是不成立的"，那就等于是给申报成果致命一击了。评委也会觉得奇怪，既然前提假设都不成立，那为什么还来申报？难道是想自取其辱吗？这种事情坚决不要去做，当然，如果确实存在这类严重的问题，那也不能把它当成房间里的大象，假装看不到、听不见，而是一定要在申报成果的写作过程中，解决这类问题。

第三，存在的问题就是需要改进的地方。因此，我的个人建议是可以把两者合并在一起进行写作。在我看来，这两者的区别要比学术创新和学术价值的区别小得多。当然如果你对此有不同的理解，觉得"存在问题和需要改进之处"应该分开写，分开写效果更好，那也没问题。最终，只要提交了一份自己最为满意（或者至少被自己认可）的申请书，不论结果如何，都不会有遗憾。

还是给出我获批立项的国家社科基金后期资助项目的申请书中有关"存在问题和需要改进之处"的写作内容，供你参考。

存在问题和需要改进之处

①本成果在研究框架结构的搭建方面还有提升和凝练的空间；②对于核心概念的界定和使用还有需要斟酌和明晰的地方；③对于民族国家建构三种主要模式的基本经验、主要特征、一般规律的概括还比较粗略；④对于"重构民族国家"的立论根据和路径选择方面还有需要细化和完善的地方。

关于"存在问题和需要改进之处"的写作建议，就是这些，希望对你有所帮助。

画重点

存在的问题一定要写，但要把握好度，确保这些问题不会"致命"。

哪里存在问题，哪里就是需要改进之处。因此，建议把两者合并在一起进行写作。

4.7 "未完成章节情况"和"下一步研究计划"的写作建议

在本章的最后，我再给出我对"未完成章节情况"和"下一步研究计划"的写作建议。至此，申请书写作中的重点内容也就介绍得差不多了。至于后面的"出版社推荐意见"，如果需要出版社来做推荐，这部分的写作直接交给出版社就可以了；"申请人所在单位科研管理部门意见"和"省区市社科规划（工作）办、在京委托管理机构或单列学科规划办意见"也不用申请人操心。

4.7.1 关于"未完成章节情况"的写作技巧

第一，如实描述。关于申报成果，由于申报公告的要求是在职人员需完成申报成果的 80% 以上、退休人员需完成 70% 以上才能申请，这就意味着在申报这个项目的时候，申报成果很有可能并未完成。因此，只要申报成果之中还有未完成的章节，直接做合乎事实的描述就可以了。当然，如果你已经全部完成了，也是如实描述即可。

第二，既然是未完成章节情况，最好在写作时具体描述未完成的章和节的内容，一一指出哪些标题下的内容尚未完成。比较忌讳的写法是轻描淡写地讲某个问题还没写完，因为描述得越模糊，就越给人一种避重就轻、不靠谱的感觉。所以直接落在实处，具体指出成果的哪一章哪一节的哪个或哪些标题下的内容还没有完成，就是占优策略。

第三，注意确保未完成的内容不会对申报成果的质量造成全局性影响。这其实不是填写申请书中的未完成章节情况时需要注意的问题，而是在申报成果（书稿）的写作中需要注意的问题。因此，相应内容就不在此处展开介绍，我把它放在本书第 5 章"申报成果写作"中的"怎样理解申报成果需完成 80% 以上"（5.4节）和"落实申报成果需完成 80% 以上的写作建议"（5.5 节）两节进行详细介绍。

画重点 ————————————————————————→

"未完成章节情况"的写作建议如下。

（1）写作原则：如实描述。

（2）写作技巧：具体描述未完成的章和节的内容，一一指出哪些标题下的内容尚未完成。

（3）注意事项：确保未完成的内容不会对申报成果的质量造成全局性影响。

4.7.2　关于"下一步研究计划"的写作建议

"下一步研究计划"可以有两种写法：一种是让不同的研究内容匹配研究周期的不同阶段；另一种是直接呈现具体的研究工作内容，不做具体时段划分。

先看第一种写法。

第一，可以根据实际情况，按 1~3 年的研究周期进行规划，做出具体的研究阶段划分。研究阶段的划分不要太细，比如每个月就是一个研究阶段；也不要太宽泛，比如两年才是一个研究阶段。不同研究阶段之间的划分具体到月为宜，然后再结合研究内容和预期进展，给每个研究阶段命名。

研究阶段划分示例如下。

- 202×年×月—202×年×月，完成全稿阶段。
- 202×年×月—202×年×月，修改完善阶段。
- 202×年×月—202×年×月，统稿校对阶段。

第二，写清每个研究阶段的具体研究安排。

第三，注意体现研究计划的可行性和可操作性。

表 4-5 所示是我之前获批立项的一个国家社科基金年度项目的下一步研究计划，供你参考。

表 4-5　"下一步研究计划"写作参考样例

阶段划分	主要工作内容
前期准备阶段 （2016 年 7 月—2017 年 2 月）	根据评审专家提出的改进建议，对研究总体框架、研究设计、思路与方法进行修改完善，敲定课题研究实施方案；购买图书资料、检索电子文献、收集相关数据材料备用；确立实证调研方式、田野点、访谈对象与调研实施步骤
全面展开阶段 （2017 年 3 月—2018 年 6 月）	从文献、田野和个案 3 个层面获取研究资料，对取得的文献、统计数据、访谈录音、调查问卷等进行分析；对研究过程中形成的阶段成果进行梳理，发表学术论文以备项目中期检查使用；有选择地参加相关学术会议交流活动
成果产出阶段 （2018 年 7 月—12 月）	将前一阶段形成的阶段研究成果集中整理发表，并以此为基础进行研究报告撰写；对写作过程中出现的问题进行查补，确保完成预期研究目标
总结收尾阶段 （2019 年 1 月—6 月）	总结成功经验，查找不足之处，撰写项目鉴定结项审批书和最终成果简介，进行研究成果的交流、宣传、推广等工作

再看第二种写法。

如前所述，这种写法只呈现研究工作的内容本身，不对研究阶段做出具体划分。它的优点是节省篇幅，能使评委的关注点落在研究内容上；缺点就是，由于缺少对研究阶段的划分，研究计划就没有时间维度上的支撑，显得比较单薄。

下面是我获批立项的国家社科基金后期资助项目的申请书中有关"下一步研究计划"的写作内容，供你参考。

下一步研究计划

①将本成果三级目录中标示"尚未完成"的部分完成；②针对本成果中存在的问题和需要改进的地方进行深入研究，进一步优化、提炼和整合研究内容，努力呈现该项研究的学术创新点和学术价值；③通过参加学术会议、走访专家、发表阶段性研究成果、搜集文献资料、展开学术交流等方式，提高本成果的学术质量，扩大本项研究的社会影响。

这部分的内容比较少，就不再画重点了。最后我还想强调的是，申报成果介绍的写作远没有申报成果本身重要。申报成果可能要用半年、一年甚至两年的时间去完成，而申报成果介绍或整个申请书的填写，可能在一周之内就能完成。所以从工作量上看，两者并不是相差无几，而是存在天壤之别。

鉴于此，不管把申报成果介绍写得多么天花乱坠，只要申报成果的质量不够理想，终究是无法获批立项的。因此，最核心的还是申报成果（书稿）的写作。

下一章，我就来谈谈申报成果的写作。

第5章

申报成果写作

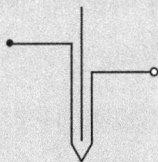

决定后期资助项目能否获批的关键在于申报成果的质量。如果你是从前面的章节读到这里的，对于这个观点一定比较认同。你之前的全部努力，无论是基础认知、申报准备、选题策划还是申请书写作，都服从和服务于申报成果写作。本章，你就来啃下这块权重最高、影响最大的"硬骨头"——申报成果（书稿）的写作。

5.1 申报成果结构设计的 6 个要点

申报成果结构的设计，其实是在做谋篇布局的工作。它所要解决的问题是，通过搭建申报成果的写作框架，为申报成果的具体写作提供结构化支撑，帮助实现目标化管理。当然，进行结构设计前要先做好基础准备，即已经有了清晰明确的选题，并拟定了申报成果的具体名称。鉴于本书已经用一整章的篇幅来讨论选题策划，之后又在第 4 章专门用一节讨论成果名称的拟定，因此在本节中我将直接聚焦于结构设计本身来进行介绍。

5.1.1 首要前提：确保研究逻辑完整且自洽

我们知道，在写作之前要对申报成果进行谋篇布局，设计章节目录。设计章节目录的过程，其实是把申报成果内在研究逻辑外显的过程。申报成果的章节目录要服从和服务于它内在的研究逻辑。

这就引出一个问题：如果申报成果的研究逻辑无法做到完整且自洽，在章节目录设计的环节投入再多的时间和精力，也很难取得成效。盖一栋高楼，如果地基打不好，不管在它的立面墙上再怎么修补，这栋楼终究是盖不好的。因此，你要在申报成果内在的研究逻辑上做更多的思考和推敲。

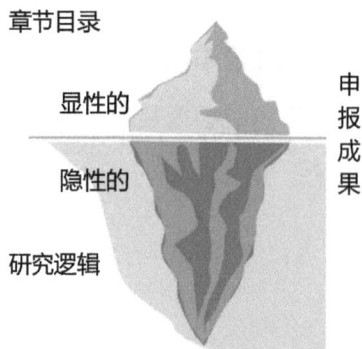

图 5-1 研究逻辑与章节目录的关系

章节目录是"标"，研究逻辑是"本"。研究逻辑其实是更具内核意义的存在，章节目录只是它的外在表现，两者的关系类似于一座冰山：隐藏在水面下的部分，是研究逻辑；而浮出水面的部分，是章节目录，如图 5-1 所示。

所以，在进行申报成果章节目录设计时，一定要先把握好确保研究逻辑完整且自洽这个首要前提。要意识到：申报成果章节目录的字面表达清晰、体例规范，都只是"表面功夫"（当然也重要），不把研究逻辑这个真正内核的、底层的问题处理好，一切努力可能都是徒劳。

画重点

章节目录设计的首要前提是确保研究逻辑完整且自洽。

章节目录是申报成果研究逻辑的外显，是在研究逻辑的指导下形成的。申报成果的章节目录要服从和服务于研究逻辑。

5.1.2 追问章、节、目各级标题是否自洽

在确保申报成果具有完整且自洽的研究逻辑之后，接下来努力的方向就是把这一研究逻辑落实在由章、节、目各级标题共同构成的成果目录中。这项工作要完成"两项检验"：用各章标题设计的全局性检验来体现申报成果的整体研究逻辑，用章、节、目各级标题的自洽性检验来搭建申报成果的章节目录。

1. 各章标题设计的全局性检验

所谓全局性检验，就是要对申报成果的各章标题是否足以支撑和覆盖研究议题的完整逻辑进行检验。一旦可以支撑、能够覆盖，申报成果的各章标题就确定下来了，而章标题一旦确定，章节目录的基本结构也就确定下来了。

为了便于理解，还是用我第一次中标国家社科基金后期资助项目的申报成果为例来说明。如前所述，我所中标的申报成果的名称是"现代民族国家建构：理论、历史与现实"，该成果试图从理论、历史与现实 3 个维度搭建一个有关现代民族国家建构问题研究的分析框架，进而在这个框架之内研究现代民族国家建构问题。

> **现代民族国家建构：理论、历史与现实**
>
> 第一章 理论基础：国家建构理论的当代政治思想史考察
>
> 第二章 概念解析：民族、民族国家与现代民族国家建构
>
> 第三章 全球扩展：民族国家历史建构的三种主要模式
>
> 第四章 当代境遇：全球化与民族国家的历史命运

忽略绪论和结语，申报成果的正文由4章构成，这4章分别从"理论基础""概念解析""全球扩展""当代境遇"着手，呈现现代民族国家建构议题。其中，"理论基础"和"概念解析"对应的是分析框架中的理论维度，"全球扩展"对应的是历史维度，"当代境遇"对应的则是现实维度。

2. 章、节、目各级标题的自洽性检验

章标题确定之后，接下来就要做"任务分解"的工作，把每一章的研究内容落实到、体现在相应的节（二级标题）和目（三级标题）中。

那么，怎样判断这项工作完成得好还是坏呢？这就要用到自洽性检验了。具体而言，可以通过回答如下3个问题来进行检验。

第一个问题：这个章标题和其他章标题在同一序列吗？

这是指在衡量章标题的支撑性和覆盖性之后，还需对各章标题之间的关系进行检验。支撑性和覆盖性强，可以保证各章的研究容量和申报成果相匹配；处于同一序列，可以保证各章之间是并列关系，研究议题的边界相对清晰，章标题也就做到了逻辑自洽。在上面的例子中，"理论基础""概念解析""全球扩展""当代境遇"4章之间就是并列关系，研究议题的边界也比较清晰。

第二个问题：这个节标题能否支撑所在章的标题，以及它和其他节标题在同一序列吗？这些节标题是否覆盖章标题所要讨论的全部问题？

看到这个问题，你会发现这是把前面关于章标题的设计技巧，在节这一层级进行了"复制"。通过"支撑"和"同一序列"两个维度的考察，节标题也就基本实现了逻辑自洽。而把同样的设计技巧在目这一层级进行"复制"，就有了第三个问题。

第三个问题：这个目标题能否支撑所在节的标题，以及它和其他目标题在同一序列吗？这些目标题是否覆盖了节标题所要讨论的全部问题？

图 5-2 展示的是我编撰的某个申报成果某一章的标题（共有 3 级标题）（如有雷同，纯属巧合）。

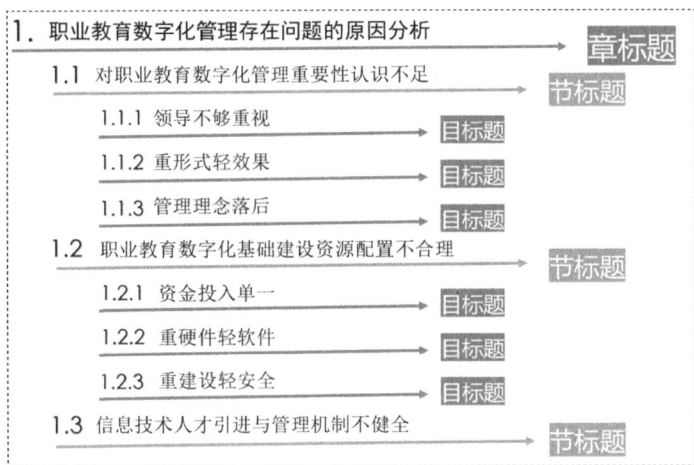

图 5-2　章、节、目各级标题设计示例

我先来从"支撑""覆盖""同一序列"3 个维度考察图 5-2 中的几个节标题。其一，每个节标题能否支撑章标题？其二，这些节标题能否覆盖章标题？其三，3 个节标题是否在同一序列？下面逐一回答。

首先回答能否支撑的问题。在图 5-2 中，章标题的重点落在了"原因分析"上，这意味着这一章所要讨论的就是原因，要对导致职业教育数字化管理存在问题的原因进行分析。那么下面的 3 个节标题都属于原因分析吗？初步考察后认为，应该都属于原因分析。因此答案是能支撑。

其次回答能否覆盖的问题。由此引申出一个问题: 3 个节标题是否已经穷举了导致职业教育数字化管理存在问题的全部原因? 这个问题的答案很可能是不确定的, 这里也许尚未做到穷举, 那么这个问题就值得进一步思考。还有一个引申的问题是, 如果无法做到穷举, 那么作为一种折中的方案, 可以在具体写作中说明为什么只分析了这 3 个原因, 而没有考虑其他原因。论证只分析这 3 个原因的合理性, 也是可以的。

最后回答是否处于同一序列的问题。3 个节标题是并列关系或在同一序列吗? 目前看来, 它们似乎是并列关系或处在同一序列。所以, 经过这样一番分析, 这 3 个节标题设计得还可以。

下面再用同样的思路来分析目标题。

首先, 目标题能支撑节标题吗? 先来看 1.1 节, 节标题说的是对重要性认识不足的问题, 那么, 它下面的 3 个目标题能支撑对重要性认识不足的问题吗? 个人认为, "1.1.1 领导不够重视" "1.1.2 重形式轻效果" 这两个标题还好, 但管理理念落后应该就不足以支撑对重要性认识不足的问题了。因为管理理念落后并不必然导致对重要性的认识不足, 认识不足也不必然是由管理理念落后造成的, 两者之间没有显著的因果关系。

再来看 1.2 节, 节标题下面也有 3 个目标题, 稍加分析可以发现, 资金投入单一似乎不足以成为资源配置不合理的原因, 更不是资源配置不合理所导致的结果。

其次, 目标题能覆盖节标题吗? 个人觉得这一点似乎不好判断。努力的方向之一是尽量穷举, 另一个方向是拿出充分的理由来表明目前列出的目标题是最具代表性或典型性的, 虽然未能全部覆盖节标题, 但是需要分析的问题已基本分析透彻。

最后, 每个节标题下的目标题在同一序列吗? 这个问题其实也是值得推敲的。比如在 1.2 节标题下的 3 个目标题中, "1.2.1 资金投入单一" 和其他两个目标题就不容易放在同一序列之中。

希望上述分析过程能够让你更好地理解章、节、目 3 级标题设计的底层逻辑，打磨出逻辑自洽的申报成果章节目录。

画 重 点 ————————————————————————————►

搭建申报成果章节目录的任务，可以通过"两项检验"来完成。

（1）各章标题设计的全局性检验。

申报成果的各章标题是否足以支撑和覆盖研究议题的完整逻辑？

（2）章、节、目各级标题的自洽性检验。

这个章标题和其他章标题是在同一序列吗？

这个节标题能否支撑和覆盖所在章的标题，以及它和其他节标题在同一序列吗？

这个目标题能否支撑和覆盖所在节的标题，以及它和其他目标题在同一序列吗？

5.1.3 警惕标题未传递有效信息的问题

章节目录设计除了要做到逻辑自洽外，各级标题还要努力传递有效信息。未能传递有效信息的标题，通常不是好标题。

对此，我还是通过举例进行说明。图 5-3 展示的也是我编撰的某个申报成果某一章的标题（共有 3 级标题）（如有雷同，纯属巧合）。

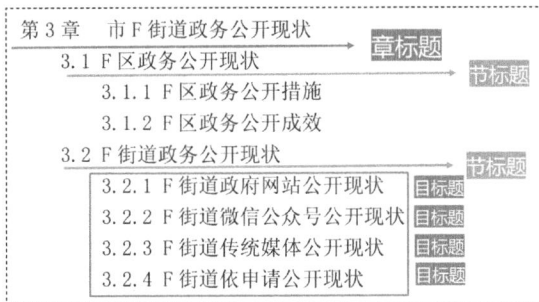

图 5-3 标题未传递有效信息示例

重点看图 5-3 中方框里的 4 个目标题。这 4 个目标题是用来支撑和覆盖节标题 "3.2 F 街道政务公开现状" 的。应该说，无论是支撑还是覆盖，它们整体给人的感觉还是可以的。同时，这 4 个目标题也都处于同一序列。那么，是否可以认为这 4 个目标题已经很好地完成了自己的任务？可能还不行，因为它们并没有传递有效信息。

读者没办法通过这 4 个目标题对 F 街道政务公开现状做出判断。现状是好还是不好？如果好，是政府网站公开现状比较好，还是微信公众号公开现状比较好？如果不好，又是哪些方面不好？具体是哪里不好？当读者无法通过标题做出定性的判断时，就说明标题并没有很好地完成自己的任务。至少在传递有效信息的维度上，这 4 个目标题还有很大的提升空间。

总之，除了支撑、覆盖上一级的标题及处于同一序列外，在进行章节目录设计时，还要考虑各级标题是否能传递有效信息。越能传递有效信息、表明观点或者呈现结论的标题，就越明确，越是好标题。

画重点 ➤

标题要传递有效信息。未能传递有效信息的标题，通常不是好标题。

5.1.4　章节目录要按研究容量进行规划和分配

申报成果章节目录设计的前 3 个要点所关注的，更多属于底层逻辑、内在结构、本质属性，接下来我们还要做些 "表面文章"。如果说章节目录和研究逻辑之间是现象和本质的关系，那么，章节目录和研究容量之间则是形式和内容的关系。简单来说，章节目录设计要和申报成果的研究容量相匹配。

在这里，我介绍两个方法论。第一，章节目录要按申报成果的研究容量来进行规划。一般来说，两者呈现正相关关系：申报成果的研究容量越大，章节目录的篇幅就越长。如果预计议题的研究内容比较丰富，思考维度较为多元，观察视角较为分散，涉及的概念、理论、方法和学术思想史论等内容也同样比较丰富，那么与此相对应，也要为章节目录设计相匹配的篇幅。

比如预期申报成果的字数是 20 万字，那么设计成 6 章、8 章、10 章都是可以的，但只有 3 章或者超过 15 章就不合适。同样的道理，如果预期申报成果的字数是 50 万字、80 万字，那么在设计章节目录的时候，就得直接奔着 20 章及以上的篇幅去规划了，还要权衡是否有必要分成上篇、下篇或上、中、下 3 卷等。

第二，章节目录要按申报成果的研究容量进行分配。除了进行整体规划外，还要进行具体分配，充分考虑每个章节的"颗粒度"，适当控制章节之间的"标准差"。所谓"颗粒度"，就是测量每个章节研究容量的单位，比如每章占用 20 个页码，或者每章计划有 1.8 万字，这里的 20 个页码或者 1.8 万字就是"颗粒度"。所谓"标准差"，则是不同章节之间实际容量比照"颗粒度"的离散系数，比如把这类离散系数控制在 10% 或者 20% 以内，这里的 10% 或者 20% 就是"标准差"。

比如预期申报成果的字数是 20 万字，设计成 8 章，那么每章的"颗粒度"就是 2.5 万字。如果把各章之间的"标准差"控制在 10% 以内，那么申报成果每章的字数就在 2.25 万字到 2.75 万字之间；如果把各章之间的"标准差"控制在 20% 以内，那么申报成果每章的字数就在 2 万字到 3 万字之间。"标准差"越小，各章的容量也就越均匀，可以避免出现某一章非常"单薄"，某一章又非常"臃肿"的情况。

画重点 ————————————————————————➤

申报成果的章节目录设计要和研究容量相匹配。

研究容量越大，章节（必要时可以加"篇""卷"）就应越多；反之，章节越少。

除了对章节目录进行整体规划，还要按研究容量进行具体分配，充分考虑每个章节的"颗粒度"，适当控制章节之间的"标准差"。

5.1.5　把研究容量落实在每一章节的具体字数里

前面的介绍其实只是提供了一个原则。怎样把这个原则落实，做到让章节目录与申报成果的研究容量相匹配？我的经验是：把研究容量落实在每一章节的具体字数里。

实操方案：怎样把研究容量落实在章节字数里？

比如，估算申报成果的研究容量是 20 万字，然后设计了一个由 8 章 40 节内容构成的写作框架。如此一来，就可以把估算出来的 20 万字落实在章节之中了。接下来需要权衡是以章来落实研究容量的颗粒度，还是以节来落实。

这两种方案无所谓好坏，选择一个适合自己的方案——一切以研究容量大致均匀（比如将"标准差"控制在 10% 或 20% 以内）分配为主。如果是以章来落实"颗粒度"，那么这个例子中的"颗粒度"就是 2.5 万字；如果是以节来落实"颗粒度"，那么这个例子中的"颗粒度"就是 0.5 万字。

为了便于理解，我设计了两个分别以章和节来落实研究容量"颗粒度"的目录，如图 5-4 所示。其中，竖线左侧是以章来落实"颗粒度"的方案，竖线右侧是以节来落实"颗粒度"的方案。

第1章 ⋯⋯⋯⋯⋯ 2.5万字	第1章 ⋯⋯⋯⋯⋯ 1.0万字
• 第1节 ⋯⋯⋯ 1.25万字	• 第1节 ⋯⋯⋯ 0.5万字
• 第2节 ⋯⋯⋯ 1.25万字	• 第2节 ⋯⋯⋯ 0.5万字
第2章 ⋯⋯⋯⋯⋯ 2.5万字	第2章 ⋯⋯⋯⋯⋯ 2.5万字
• 第1节 ⋯⋯⋯ 0.5万字	• 第1节 ⋯⋯⋯ 0.5万字
• 第2节 ⋯⋯⋯ 0.5万字	• 第2节 ⋯⋯⋯ 0.5万字
• 第3节 ⋯⋯⋯ 0.5万字	• 第3节 ⋯⋯⋯ 0.5万字
• 第4节 ⋯⋯⋯ 0.5万字	• 第4节 ⋯⋯⋯ 0.5万字
• 第5节 ⋯⋯⋯ 0.5万字	• 第5节 ⋯⋯⋯ 0.5万字

图 5-4　分别以章和节来落实研究容量"颗粒度"的目录

经过这样一番操作，无论选择哪种方案，都把申报成果的研究容量落实在章节字数里了。

认知转换：为什么要把研究容量落实在章节字数里？

可能有人会有疑问：为什么要做这种看起来完全不靠谱的落实呢？毕竟还没开始写作，关于申报成果的字数设想也只经过非常粗略的估算，基于这样的估算来设定每章甚至每节的具体字数，价值在哪里？意义又是什么呢？

对于这个问题，我的回答如下。

一方面，正是由于还没开始写作，这种落实才可以最大限度地减少写作冗余，避免时间和精力的额外消耗。在《发论文、拿项目，其实很简单》这本书里我提到过一个观点：新手依靠灵感写作，"大牛"则可以在灵感缺席时写作。落实的目的，其实就是让我们像"大牛"一样进行专业写作，而不是像新手一样听从灵感的调遣，任性写作。

有一天你会意识到，学术写作是"戴着镣铐跳舞"，在有灵感、文献充足的地方一泻千里，造成的结果很可能是离题万里。

另一方面，这种落实会为我们在接下来的写作过程中提供掌控感和确定性，从而减少写作时的"摩擦力"和挫败感。对于章节字数的估算是否准确其实并不重要，重要的是估算本身。而只要有了估算，在写作某一章或某一节时，在落笔前就能明确自己要完成的工作量。如果字数太少，就再努力思考一下是不是还有什么问题没有论证清楚；如果字数太多，就"踩刹车"，尽量言简意赅地表达核心观点。

为什么很多人在大部头的学术专著写作中半途而废？因为目标太过宏大，以至于产生自我怀疑，失去掌控感。一个章节一个章节地推进，等于是把难以直接实现的大目标分解成可以快速完成的小目标，伴随一个个小目标的完成，我们终将实现大目标。

说到底，这种落实让我们的写作不会因为过分任性而离题万里，也让我们不会因为目标远大而失去斗志。至于每个章节的具体字数是否一定要符合"颗粒度"，是否一定要控制"标准差"，反倒没那么重要了。

画重点————————————————————————➤

通常情况下，可以以章或节来落实研究容量的"颗粒度"，把申报成果的研究容量落实在具体的章节字数中。

这样做的好处在于，可以最大限度地减少写作冗余，避免时间和精力的额外消耗；会为写作提供掌控感和确定性，减少写作过程中的"摩擦力"和挫败感。

5.1.6　3级、4级标题搭框架，章节标题进目录

之所以要把章节目录设计介绍得这么细致，主要是因为这个内容比较重要——章节目录一旦敲定，申报成果的"基本盘"就确定下来了，接下来的写作也就有了行动路线图。关于章节目录设计，我想再给出一个建议：3级、4级标题搭框架，章节标题进目录。

这个建议的意思是，在对一部书稿进行谋篇布局，搭建它的章节目录时，将章节目录设计得越详细，就越能为接下来的具体写作提供心理上和实战上的确定性；但是最终呈现在申报成果目录里的，一般只是章和节这两级标题。

一方面，按照3级乃至4级标题来搭建写作框架的好处很明显，一旦这个框架搭建起来了，具体写作时就会轻松很多。从心理上看，如前文所述，这种确定性能让我们获得更多的掌控感，让我们能时刻看到写作工作的"进度条"，从而帮助自己树立信心、勇往直前；从实战上看，如果3级乃至4级标题已经搭建起来，那意味着我们已经把自己对申报成果研究议题的思考，落实在一个个具体标题中了。而为了搭建这样细致的写作框架，我们一定阅读和积累了大量相关文献，也对研究议题的具体内容进行了深入的思考和反复的斟酌与推敲。显然，所有这些准备工作，都会让接下来的具体写作事半功倍，让我们越写越顺畅。

需要注意的是，设计4级标题基本就是极限了，3级标题其实也是够用的，

不建议再继续探索更细致的标题。我们要在结构刚性和写作弹性之间寻求平衡，否则一个后果是彻底"锁死"会带来写作的僵化，另一个后果是标题层级越多，越深入细枝末节，工作量也就越大，有可能导致我们在章节目录设计阶段就放弃写作。

另一方面，从惯例上看，一般学术专著的目录均呈现至章和节这两级标题。因此，虽然我们已经搭建出了比较细致的写作框架，但是最终在申报成果的目录中，最好也遵从惯例，只呈现章、节两级标题。这样做的好处是符合惯例，也能使目录比较简洁美观。这么做还源于一个顾虑，即呈现的标题越细致，就越有可能"露怯"。所以，在目录中只列章和节两级标题，对申请人而言是一个占优策略。

最后再分享一个经验：我们可以多学习和体会那些在权威出版社出版的，或者已经被业内同行公认的非常有价值的学术专著，看看其中的章节目录是怎么设计的，学习该作者谋篇布局的技巧。这对于我们做好自己申报成果的章节目录设计是非常有启发的。

画重点

申报成果的写作框架可以按 3 级甚至 4 级标题来设计，这样可以为写作提供心理上和实战上的确定性。最终呈现在申报成果目录中的，一般只有章和节两级标题，这样做不仅符合惯例，而且可使目录简洁美观，也不容易让我们"露怯"。

建议申请人多学习和体会权威出版社出版的，或者被业内同行公认的非常有价值的学术专著的章节目录设计。

5.2 有关申报成果内容写作的 6 个注意事项

完成申报成果谋篇布局工作的标志是章节目录（3 级乃至 4 级标题）基本确定下来。接下来，就要依托这个目录开始具体内容的写作。那么，申报成果内容写作中有哪些注意事项呢？我总结出了以下 6 个注意事项。

5.2.1 开头和结尾很重要

在进行内容写作的时候，章和节标题下面的开头段落，发挥着本章、本节内容导语的作用，也具有承前启后的功能。而"章"和"节"的结尾段落，则起着总结全文，概括本章、本节主要观点和研究结论的作用。因此，开头和结尾的段落，应予以重点关注，努力把它们写好。

那么，这里所说的开头和结尾的段落具体包括哪些呢？

"篇"的开篇导语段落	（最好有）
"章"的开篇导语段落	（最好有）
"节"的开篇导语段落	（可以没有）
"节"的结尾段落	（可以没有）
"章"的结尾段落	（最好有）

现在我对照上面这份清单来逐一分析。

如果有"篇"，那么在"篇"的开头最好设置一个开篇导语段落，以对本篇的内容进行总括性的介绍，或者提出本篇所要重点解决的问题，引导读者入题。开篇导语段落不一定局限于一个自然段，而是可以由两三个自然段构成，这有点类似于学位论文的摘要。

在"章"的开头，最好也设置一个开篇导语段落。它的作用也是对本章内容进行概要性的介绍，或者提出本章所要解决的关键问题，让读者能了解本章的主要研究议题。

在"节"的开头，可以根据实际情况来决定是否设置开篇导语段落。从形式规范的意义上讲，在某一节不设置开篇导语段落，那在所有节都不设置；如果在某一节设置的话，那所有节都要设置。也就是说，用统一的样式来体现申报成果的设计感。

图 5-5 展示的是我第二次中标国家社科基金后期资助项目的申报成果第二章的开篇导语段落，以及第二章第一节的开篇导语段落，仅供参考。

第二章　内涵探讨：中华民族共同体意识的
概念、结构与功能

厘定"中华民族共同体意识"的核心概念与关键表述的定义、内涵及其本质，是在学术规范意义上深入研究中国共产党推进中华民族共同体意识的理论与实践议题的前置条件。这里所涉及的核心概念与关键表述至少包括共同体、共同体意识、中华民族、中华各民族、中华民族共同体、中华民族共同体意识和铸牢中华民族共同体意识。在此基础上，全面把握中华民族共同体意识的要素构成与结构层次，深入理解铸牢中华民族共同体意识的基本功能及其能动作用，可以为中国共产党推进中华民族共同体意识的理论与实践议题研究提供学理认知，廓清讨论边界，锚定价值站位。

一、实体与观念：理解共同体与共同体意识

深刻理解、准确把握中华民族共同体意识的基本内涵对于建设中华民族共同体，铸牢中华民族共同体意识，加强和改进新时代党的民族工作，实现中华民族伟大复兴等一系列重要议题都具有十分重要的意义。而要想理解把握中华民族共同体意识，就要从"中华民族"这一语境中跳脱出来，重新审视"共同体"与"共同体意识"这对"元概念"。此举可以帮助我们抽丝剥茧，洞悉中华民族共同体意识这一概念背后的普遍逻辑与本质属性。

（一）作为"元概念"的共同体和共同体意识

国内学术界有关中华民族共同体意识问题的研究正处于蓬勃发展、方兴未艾的黄金时期，对于中华民族共同体意识基本内涵的阐析是研究中的一个重点。如果以构词学角度做以区分，学者们对此问题的研究大致可以分为两类：一类是把"中华民族共同体"视为一个"单纯词"进行本体研究，直接对其进行概念厘定，在此基础上形成对中华民族共同体意识的内涵观照。在这一类别，严庆的研究成

图 5-5　"章"和"节"的开篇导语段落示例

接下来是结尾。"节"的结尾可以参考前面关于"节"的开篇导语段落的写作建议进行设置。原则也是一样的，如果想加结尾就都加上，不想加就都不加。如果加了结尾段落，那么它的功能和作用基本就是概括这一节的主要观点和研究结论，并为下一节的研究内容进行铺垫，即承前启后。

如果是"章"的话，最好要有结尾段落。这样一来，"章"的完整度会高很多，而且个人认为确实有必要通过这样的段落来呼应"章"的开篇导语段落，对全章内容进行概括和总结。同时，如果有"意犹未尽"的内容，也可以做一些分析或者展望，以一种开放或半开放的方式进行结尾。

关于开头和结尾，我还有 3 点建议：其一，开头和结尾比较重要，值得我们下大功夫去反复打磨，认真写好；其二，比较而言，开头比结尾更重要，因为开头比较"显眼"，又处在相对独立的位置，结尾则是和章节正文紧密相连的，不够独立；其三，可以在章节正文的主体内容写完后，再结合章节的实际完成情况来统筹把握，撰写开头和结尾。

画重点 ————————————————————————➤

章节开头的导语和结尾的总结比较重要。相比较而言，开头比结尾更重要。

可以在章节内容写作完成之后再来写导语和总结，这样更容易写好。

5.2.2 段与段之间要"耦合"

介绍完开头和结尾，再来看看正文内容的写作。先给出关于段落及段落之间关系的核心建议，那就是段与段之间要"耦合"。

下面先讨论单个段落。首先要明确一点，能被写进申报成果的每个段落都承担着特定的任务，发挥着特定的作用。请记住，没有无缘无故存在的段落——如果想让申报成果质量上乘，就要做到这一点。尤其需要注意的是，不能单纯为了凑字数而写出可有可无的段落。当我们选择这么做的时候，后果必然是申报成果的质量变差。

一旦某个段落的存在拉低了申报成果的质量，就意味着我们走在错误的道路上，这显然违背了我们写作的初衷和本意。

再讨论段落之间的关系。无论是进行学理阐析、案例解析，还是进行观点论证、逻辑推演，围绕这些目的而被组织起来的不同段落之间，一定是有内在关联的。段落之间的这种内在关联，如果用一种结构化的方式加以呈现，可以表现为以下 3 种类型。

总分总：

总起—分论—总结

三段论：

是什么—为什么—怎么办

提出问题—分析问题—解决问题

提出假设—进行验证 / 实验—证实 / 证伪假设

并列式：

（分论点 + 分论证）× n

总分总、三段论、并列式这 3 种结构类型的表达式的每个组成部分，都可以是一个自然段。这样一来，段落之间也就有了内在的逻辑关联。至于这 3 种结构类型的具体情况是怎样的，这里就不占用过多篇幅进行介绍了。我在《即学即用社科论文写作技巧与发表指引》这本书里有非常详细的讨论，书稿也好，论文也罢，学术写作所要遵循的基本逻辑是相通的。

那么，段落之间的内在关联在外在形式上如何呈现呢？可以通过如下一些关联词、序数词或介词结构来加以体现。其中的竖线（|）表示两个自然段之间的换行。

> 第一，……。| 第二，……。| 第三，……。
>
> 一方面，……。| 另一方面，……。| 总之，……。
>
> 就……而言，……。| 就……而言，……。
>
> 从……上看，……。| 从……上看，……。| 总之，……。

关于段落之间的关系，我还想再给出一个建议：不论一个标题下面有几个段落，这些段落都是要为它所属的这个标题，以及这个标题的上下级标题所研究的议题、呈现的观点、表达的意思提供支撑的。这个道理和前面介绍的章节目录设计的道理是一致的，好的段落及段落之间的关系，也要发挥这样的作用。

图5-6给出的是我第二次中标国家社科基金后期资助项目的申报成果中的一页。在标题"（二）作为实体的"共同体"：滕尼斯、韦伯、鲍曼与马克思"和"1.滕尼斯、韦伯与鲍曼眼中的共同体"之间的框线标出的段落，既要支撑"（二）作为实体的'共同体'：滕尼斯、韦伯、鲍曼与马克思"这个标题关注的议题，又要提领下面的包括"1.滕尼斯、韦伯与鲍曼眼中的共同体"在内的各个小标题。接下来的两个段落之间是"并列式"关系，一个段落介绍滕尼斯的观点，另一个段落介绍韦伯的观点。

需要注意的是，这里介绍的更多只是原则，不免带有理想化的倾向。读者在进行参考借鉴时，要在原则性和灵活性之间找到平衡。段与段之间的关系处理并不存在一定之规，不必拘泥。活学活用、见招拆招，一切为提高申报成果的整体质量服务，才是更高级的智慧。

（二）作为实体的"共同体"：滕尼斯、韦伯、鲍曼与马克思

可以把实体理解为本源或始基（principle）、存在（being）、实在（reality）。实体是对客观存在的一种描述，与之相对应的是虚拟、虚体，这是对非客观存在的一种描述。纵览西方学术界有关作为实体的"共同体"的研究，其代表人物主要包括斐迪南·滕尼斯、马克斯·韦伯和齐格蒙特·鲍曼。除此之外，卡尔·马克思对于共同体的论述较为丰富与深刻，成为我们理解共同体的重要思想资源。

1.滕尼斯、韦伯与鲍曼眼中的共同体

在滕尼斯那里，共同体内部存在着真实的共同生产和共同生活。滕尼斯认为，共同体是"持久的和真正的共同生活……应该被理解为一种生机勃勃的有机体"[①]。除了共同生活这一典型特征之外，共同体中的人们"都存在着享受和劳动，形成某种不同劳动分工和享受分配"[②]，并因此拥有共同的意志，滕尼斯把这种状态称为"默认一致"[③]。也就是说，共同的生活、共同的劳动、共同的意志构成了作为实体的共同体。

在韦伯那里，共同体是主观客观因素交叉融合的结果，是一种动态的、将人的经济活动组织起来的方式。也正因为如此，经济问题是形成共同体的首要因素，这一基础也使得共同体在其形成之初就具有典型的实体性特点。韦伯注意到一个经验事实，那就是"凡是经济条件尚未明确分化的地方，几乎不可能看到一个明确的政治共同体"[④]。同时韦伯还指出，"人们可能会倾向于认为，大国结构的形成与扩张始终并且主要是由经济因素决定的"[⑤]。可以看出，韦伯眼中的共同体与人类社会的经济问题紧密相关，而共同体的经济问题总是和社会生产与共同生活发生着关联。这种对于共同生活、共同生产的观点，恰恰与滕尼斯对共同体的认知相契合。

[①][德]斐迪南·滕尼斯：《共同体与社会：纯粹社会学的基本概念》，林荣远译，北京大学出版社2010年版，第45页。
[②][德]斐迪南·滕尼斯：《共同体与社会：纯粹社会学的基本概念》，林荣远译，北京大学出版社2010年版，第51页。
[③][德]斐迪南·滕尼斯：《共同体与社会：纯粹社会学的基本概念》，林荣远译，北京大学出版社2010年版，第60页。
[④][德]马克斯·韦伯：《经济与社会》（第二卷）上册，阎克文译，人民出版社2005年版，第1040页。
[⑤][德]马克斯·韦伯：《经济与社会》（第二卷）上册，阎克文译，人民出版社2005年版，第1048页。

图 5-6　段落支撑上下级标题的功能及段落间关系的示例

画重点 ————————————————————————————→

段与段之间是有内在关联的，这种关联可以表现为总分总、三段论或者并列式结构。

每个段落都承担着特定的任务，要为它所属的标题及这个标题的上下级标题提供支撑。每个段落都有它存在的目的。

段落存在的目的纵然有千百种，但不能包括凑字数。

5.2.3 每个段落都有中心句

这里要介绍的是段落写作的一个注意事项。

为什么每个段落都要有中心句呢？因为一旦有了中心句，读者立刻就能知道这个段落要说的是什么。采用这种写作方式会减少读者阅读时的"摩擦力"，降低读者理解作者所要表达思想的门槛。

反之，如果不给中心句，读者阅读时的"摩擦力"就增加了。相应地，读者理解作者所要表达的意思的门槛也就提高了。读者需要付出更多的注意力才能捕捉到作者的思想，他们在时间和精力方面的消耗自然也就更大。

千万不要忘记，在申请后期资助项目时，能读到申报成果的人可不是普通的读者，而是对申请人能否获批这个项目具有"裁量权"的评委。评委阅读时的"摩擦力"越大，他们读起来越辛苦，对申请人的申报成果就越可能形成偏否定性的评价，所以在这件事上多做努力，不仅仅是为读者服务，也更有利于我们自己。

那么，把中心句写在段落的什么位置会比较好呢？相信经过前面的分析，答案已经比较清楚了——简单、直白地把段落的中心句放在段落的第一句是最好的。而且我也建议每位作者养成在每个段落的第一句就概括本段中心思想的习惯。如果实在没办法在段落的第一句给出中心句，也可以把它作为段落的总结，放在段落的结尾。总之，对于一个段落而言，有中心句总比没有中心句要好。

为了方便理解，我用图 5-6 中的 3 个段落为例来做说明。

可以发现，第一个段落是没有中心句的。其原因在于，第一个段落最主要的作用不是论证或者阐释，它是一个"功能段落"，承担着衔接上下标题、支撑研究议题顺利展开的任务。这也提示读者对本书关于申报成果写作的每一个建议或要点，都要做到具体问题具体分析，不要生搬硬套。

接下来的两个段落都是有中心句的，它们的中心句都是段落的第一句。

画重点

进行段落写作时，要努力让每个段落都有中心句。

这样做的好处是减少读者阅读时的"摩擦力"，减轻读者的认知负担。我们越是"以读者为中心"，项目申报就越有可能呈现有利于我们的结果。

要养成在每个段落的第一句概括本段核心观点的写作习惯。当段落开头不方便给出中心句时，在段落结尾做总结也是好的。

5.2.4 段落长短要适中

关于申报成果内容写作的第四个注意事项是，段落长短要适中。

为什么有这样的建议呢？还是从读者视角出发。想想看，如果我们作为读者，读到的段落要么是"黑压压的"长篇大论，要么是一两句话构成的简短"对话体"，而且永远无法预知接下来要看到哪种风格——是又一个"黑压压的"段落，还是简短的"对话体"段落，这种感觉是不是让人快要崩溃了？

在这种情况下，读者是完全无法获得确定性和掌控感的，而读者一旦无法获得确定性和掌控感，就会"怪罪"申报成果。鉴于申报成果的"首批读者"的身份，我们要尽量降低被"怪罪"的风险。

再者，太长的段落会导致阅读体验变差，段落长度和阅读体验大概是一种负相关的关系；对于学术写作而言，太短的段落又很难说清楚一个观点，或支持做完一项论证或者阐述。

由此，段落长短适中的优势就体现出来了。另外，从读者视角来看，段落长短适中，也显示出申请人的诚意甚至语言功底。至于多长的段落算适中，个人感觉占据版面 1/4~1/2 的段落，都算比较适中。

画重点 ————————————————————————➤

太长的段落会给读者以压迫感，太短的段落又很难论证或阐释清楚一个观点。段落时而长、时而短，无法预知下一个段落是长是短，还会让读者失去掌控感，影响阅读体验。

因此，相较于过长或者过短的段落，适中的段落对读者比较友好。

5.2.5 能用短句就不用长句

下面再来看关于句子的写作要点。不管多大部头的申报成果，50 万字也好，80 万字也罢，都是一句话一句话写出来的。因此，可以把句子看作写作的最小单位。而对于句子的写作，我的建议是能用短句就不用长句。

为什么会有这样的建议呢？

先说一个事实。大多数人在进行学术写作时，都愿意写长句，比如"既要……又要……还要……""如果……那么……既然……何必……与其……不如……""退一步讲……从现实来说……再进一步看……"这种分成好多个层次、百转千回式的写作，是能让作者通过表达体会到酣畅淋漓之感的。当我们这么写的时候，会觉得自己的文字散发着智慧的光芒，点亮并照耀着读者的心灵，内心会充满成就感。所以，我们更愿意写长句。

矛盾也因此出现。当切换到读者的视角，这件事就会变得不可忍受。读者不一定能跟上我们的节奏，那些让我们沾沾自喜的句子在读者眼中，很可能读不通、看不懂，令其费解。这也不能都怪读者，因为很有可能是我们高估了自己的文字表达能力，也许我们连主、谓、宾、定、状、补这些非常基础的写作元素都没有搞清楚。

试想，如果读者认为"作为申报成果的作者连句子都写不通顺，那么他们的学术研究成果又怎能令人信服呢"，这将意味着什么？没错，到头来遭受损失的还是我们自己。

让我们扪心自问："我所追求的是让自己舒服，还是让读者舒服？"让自己舒服是人的本能，让别人舒服则需要动用理性和意志的力量，经过努力才有可能做到。在现代社会，能做到"反本能"的人基本都是"狠人"，而这样的人也更容易成功。在学术写作这件事上，我们都要努力成为那个"反本能"的人。

那么，怎样克制自己写长句的冲动，尽量多写短句呢？其实也很简单，就是尝试让每句话都只表达一个意思。如果要表达两个或者两个以上的意思，那就写两个或者两个以上的句子。

还需注意的是，尽量多用短句，并不是说绝对不能用长句。如果偶尔用一下长句，其实效果还是很好的。比如，当要做一个论证的总结陈述时，或者在针对某种现象或观点表达自己的主张与见解时，使用一个长句，如一个由几个分号相隔的排比句，其实还是很有冲击力的。长句使用恰当，会起到画龙点睛的作用；而通篇都是长句，对读者而言就是一场灾难。

画重点

（1）在申报成果的写作中要少用长句，多用短句。

（2）尝试让每句话只表达一个意思，长句也就变成了短句。

（3）偶尔用长句会很有冲击力，能起到画龙点睛的作用。

5.2.6 论证要靠谱

有关申报成果内容写作的最后一个注意事项是：论证要靠谱。

所谓论证不靠谱，就是在观点或主张的论证过程中出现重大或明显的逻辑纰漏。呈现符合逻辑的论证过程是学术写作的基本功，也是学术成果价值得以确立的基石。申报成果质量的高低和论证过程是否严谨息息相关。鉴于此，如果申报成果中出现论证不靠谱的情况，那么它对申报成果质量的打击可以说是毁灭性的。

比如，如果你是后期资助项目的评委，在审读的申报成果中看到了下面这样的论证过程，你会有何感想？

有研究指出："在对西方女权主义文学理论的吸收与借鉴中，中国文学批评界对女性意识的认识产生了西化与本土化两种倾向，由此形成了不同的女性文学批评话语方式。"这一论述无疑表明中国文学批评界对女性意识的研究实践是成功的。

怎么样，有没有一种大跌眼镜的感觉？如果评委比较有涵养，硬着头皮继续往下读，然而在不远处又读到一处不靠谱的论证，想想看，这基本就是一场灾难了吧！

画重点 ————————————————————————————▶

所谓论证不靠谱，就是在观点或主张的论证过程中出现重大或明显的逻辑纰漏，如"不想当将军的士兵不是一个好厨师"。

这种情况对于申报成果质量的打击是毁灭性的，因此一定要避免。

5.3 有关申报成果行文及体例规范的 6 个注意事项

当把申报成果的内容写作提上日程，开始按部就班地进行写作时，还有一个和内容写作同样重要且和内容写作相辅相成的问题值得注意，那就是申报成果的行文及体例规范问题。本节重点谈谈有关申报成果行文及体例规范的 6 个注意事项。

5.3.1 确保行文之中的每句话都通顺

是的，这就是关于申报成果行文及体例规范问题，我能想到的第一个注意事项。当我写出这一点（并且把它作为第一点）时，我也是有些担心的——担心本书的读者会把我给出的这一注意事项看作对他的冒犯。读者也许会说："这不是在轻视我吗？为什么老踏你会认为我连这样一个最基础的、常识性的问题，都还需要你来提示呢？"

平心而论，包括我自己在内的许多人其实在这件事上表现得并不好。以我为例，哪怕从我发表第一篇 CSSCI 论文至今已经过去了整整 15 年，我也还是经常会在论文和书稿中犯这样的错误。编辑们会问："老踏，这句话里的'其'究竟指代的是什么？这里所说的'两者'又是指哪两个主体？"

再分享一下我的经验。这些年作为国家社科基金项目成果鉴定专家，教育部学位与研究生教育发展中心博士、硕士学位论文评议专家，以及作为包括 CSSCI 期刊在内的多家学术期刊民族学、政治学栏目的外审专家，我也算是一个"见多识广"的人了。而根据我的经验，不只是学位论文、期刊投稿论文，哪怕是在国家社科基金项目的结项成果中，我也经常会看到读不通的句子。

"确保每句话都通顺"看起来是基础，是常识，可当我们踏踏实实地去阅读自己写出来的每句话时，我们很可能会汗颜——包括你现在正在阅读的这本书，编辑也是下了很大功夫来帮我改善的。

当然，关于怎样确保每句话都通顺的问题，这里就没必要展开说明了。

5.3.2 消灭行文及其外观呈现中的形式错误

关于申报成果行文及体例规范问题的第二个注意事项是，要消灭行文及其外观呈现中的形式错误。这个注意事项怎么理解呢？无论是根据我们自己的经验还是外部观察，都发现它难以防范，简直就是防不胜防。我列举几种比较常见也容易被忽视的形式错误，我们有则改之，无则加勉。

1. 标点符号使用不规范问题

例如，按照 GB/T 15834—2011《标点符号用法》，在只以双引号或只以书名号标示的并列成分之间通常不用加顿号。但加顿号的现象在我参与评审的国家社科基金结项成果中十分常见。具体示例如下。

[推　荐] "金""木""水""火""土"。

[不推荐] "金"、"木"、"水"、"火"、"土"。

[推　荐]《呐喊》《彷徨》《朝花夕拾》。

[不推荐]《呐喊》、《彷徨》、《朝花夕拾》。

此外，此标准还就问号、叹号、引号、括号、连接号、书名号、分隔号等的用法做出了明确的说明，感兴趣的读者可以找来看看，这里不展开介绍。

需要重点注意的是，学术写作中经常出现全角和半角标点符号使用错误的问题。一般而言，在中文语境中通常使用全角标点符号，而在英文语境中则通常使用半角标点符号，如果使用场景错了，也是不规范的。具体示例如下。

[中文语境] 本书中文简体字版由 O'Reilly Media, Inc. 授权人民邮电出版社出版。

[英文语境] Simplified Chinese Edition, jointly published by O'Reilly Media, Inc. and Post & Telecom Press.

[规　范] 小胖："怎么能这样使用标点符号呢? 不，不对——不该是这样的!"

[不规范] 小胖:"怎么能这样使用标点符号呢? 不,不对——不该是这样的!"

2. 错别字问题

是的，错别字问题也容不得我们忽视。套用海明威"我们花了两年学会说话，却要花上 60 年学会闭嘴"的句式，我们花了 3 ~ 4 年的时间（攻读博士学位）学会写论文，却要花整个职业生涯的时间来掌握包括"不写错别字"在内的各种学术写作的规范。这件事情说起来有点讽刺，但现实就是如此。

关于错别字问题的例子实在太多了。例如，"的、地、得"的正确使用，"部署"还是"布属"，"发轫"还是"发轫"，"既然"还是"即然"，等等。我在这里就是做个简单的提醒，没必要再多说什么。总之，这件事情不容小觑，我们要尽可能地消灭出现在申报成果中的错别字。

3. 版面格式问题

标点符号使用不规范和错别字是行文之中容易出现的问题，而版面格式问题则是在行文之外对行文内容加以呈现时容易出现的问题。这类问题细究起来其实表现非常多样，这里我仅结合个人经验，针对项目成果写作中较为常见的版面格式问题提出建议。另外，鉴于这个问题比较烦琐，处理不好很容易被读者发现，因此，可以考虑委托专业的编辑排版公司来处理。

画重点

- 封面上的成果名称如需换行，要把一个完整的词放在同一行。
- 章、节标题如需换行，要把一个完整的词放在同一行。
- 项目成果目录中，不要再出现"目录"字样。
- 封面无页码，目录页码用罗马数字从Ⅰ计数，正文页码用阿拉伯数字从1计数。
- 同级标题的字体、字号、是否加粗、行间距、字间距等，要做到全文统一。
- 正文采用宋体小四号字，不加粗，字间距为标准字间距，行间距要做到全文统一。
- 注释采用脚注形式，一般采用宋体小五号字，不加粗，行间距为最小值。
- 文末要有参考文献，且参考文献的信息要完整，格式统一。建议按文献类型进行分类，并按一定规则（如文献顺序、著者－出版年）排序。

5.3.3　关键表述方式要做到全文统一

有关申报成果行文及体例规范的第三个注意事项是：申报成果中的关键表述方式要做到全文统一。

例如，在申报成果的某个章节，如果要谈的是某个问题的内在机理，并把"内在机理"一词写进了章标题，那么就要在这一章关于内在机理的论证和阐释中，以及在其他章节（如绪论和结语）涉及本章所讨论的内在机理问题时，一致使用"内在机理"的提法，而不能一会儿是内在机理，一会儿又变成了内在逻辑、内在机制、一般机理、底层逻辑……不断变换关键表述方式，就会显得过于随意了。

再如，如果在某个章节里介绍实践策略，那么就要一直用"实践策略"一词，而不能混杂使用应用对策、实现策略、实践路径、现实选择……这无疑会给人很不严谨、非常不规范的印象，甚至使人怀疑作者的写作态度不端正、内容不靠谱。

想想看，如果你是评委，你愿意给一个看起来写作态度不端正、内容不靠谱的人的申报成果投赞成票吗？

至于作为关键表述方式的学术专有名词和学术概念，那就更需要全文统一了。例如，在我的学科研究领域里有个概念叫作"民族整合"，如果我的申报成果里提及了这个概念，那么我就要确保这个概念的用法在申报成果的全文中保持一致。反之，如果这个概念在我的申报成果中的用法不断变化，"民族塑造""民族形塑""民族建设"和"民族构建"等词语都用上了，这就会让读者质疑我的治学态度。在学术写作中被质疑治学态度，基本相当于一位将军被质疑不懂带兵打仗，一名法官被质疑不懂法律了。

无论如何，这是非常严重的质疑，尽量不要让这种质疑发生在我们身上。

5.3.4 各级标题的序号样式要规范使用

接下来介绍的是有关申报成果行文及体例规范的第四个注意事项：各级标题的序号样式要规范使用。如果申报成果由章、节、目 3 级标题（这也是我在本章介绍章节目录设计时提到的写作框架）构成，那么，怎样设计这 3 级标题的序号样式才比较规范呢？

我以自己即将付梓的一部专著的第一章的 3 级标题为例进行说明，如图 5-7 所示。

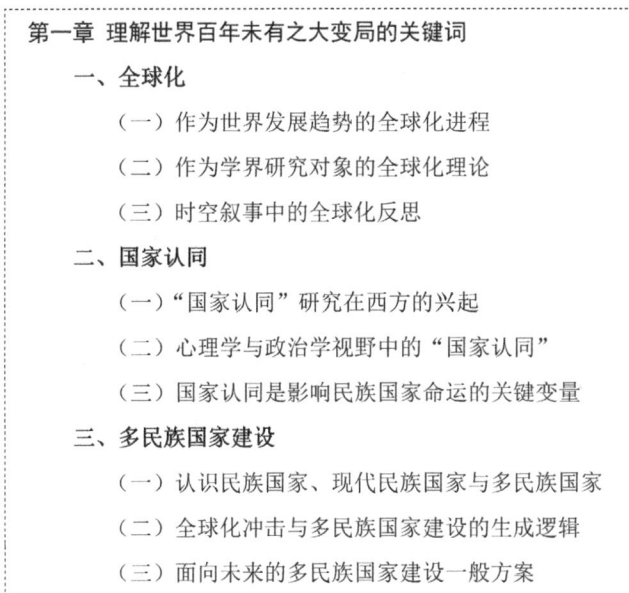

```
第一章 理解世界百年未有之大变局的关键词
    一、全球化
        （一）作为世界发展趋势的全球化进程
        （二）作为学界研究对象的全球化理论
        （三）时空叙事中的全球化反思
    二、国家认同
        （一）"国家认同"研究在西方的兴起
        （二）心理学与政治学视野中的"国家认同"
        （三）国家认同是影响民族国家命运的关键变量
    三、多民族国家建设
        （一）认识民族国家、现代民族国家与多民族国家
        （二）全球化冲击与多民族国家建设的生成逻辑
        （三）面向未来的多民族国家建设一般方案
```

图 5-7　章、节、目 3 级标题序号规范使用示例

在图 5-7 的示例中，一级标题的序号样式是"第一章"等，二级标题的序号样式是"一、""二、""三、"等，三级标题的序号样式是"（一）""（二）""（三）"等。当然，如果你希望在二级标题的序号中带上"节"字也是可以的，这样二级标题的序号样式就变成"第一节""第二节""第三节"等，三级标题的序号样式也就相应地调整为"一、""二、""三、"等。

如果申报成果中还用到了四级标题、五级标题甚至六级标题，那就继续往下排。序号样式可以像下面这样设计（双引号内是序号）。

[一级标题] "第一章" "第二章" "第三章" ……

[二级标题] "第一节" "第二节" "第三节" ……

[三级标题] "一、" "二、" "三、" ……

[四级标题] "（一）" "（二）" "（三）" ……

[五级标题] "1." "2." "3." ……

[六级标题] "（1）" "（2）" "（3）" ……

如前所述，申报成果目录中一般只有章标题和节标题，也就是一级标题和二级标题是需要放进申报成果目录中的，其他各级标题（当然也包括章标题和节标题）则存在于正文中。

有关各级标题序号规范使用的问题，我还有如下 4 点提醒。

第一，省略某一级的标题序号样式是可以的，但是不要颠倒标题序号样式的使用顺序。也就是说，可以省略"第一节" "第二节" "第三节"等二级标题序号样式，而把"一、" "二、" "三、"等标题序号样式提到第二级（就如图 5-7 展示的二级标题那样），也可以把四级标题序号样式省略，把五级标题序号样式提到第四级。但是从一级标题到六级标题，"第一章"→"第一节"→"一、"→"（一）"→"1."→"（1）"的使用顺序不要颠倒。

第二，一级标题到四级标题一般独立成段，标题的末尾一般不加标点符号（问号、叹号可加）；五级标题及以下的标题可以独立成段，也可以直接放置在段落之中，作为段落的首句，一般以句号结尾。

第三，如果六级标题之下还需要有"标题"（严格来说，放置在段落之中

的标题也就不再是标题了）来进行提示的话，则可以根据实际需要设计为"第
一，""第二，""第三，"等，也可以是"其一，""其二，""其三，"等，
还可以是"一是""二是""三是"等。

第四，同级标题使用的序号样式要做到全文统一。例如，五级标题序号使用
的样式是"1.""2.""3."等，那么，全文的五级标题序号都要用这个样式来呈现，
否则就会造成标题层级不清的问题。

5.3.5 引用或转述要符合学术规范

谈到申报成果的行文规范问题，不能缺少对引用或转述的要求。而只要涉及
引用或转述，就必须要注意学术规范问题。

先来说说为什么学术写作中一定要有引用或转述。学术写作一般要在他人研
究成果的基础上提出观点或主张，而缺少对他人研究成果引用或转述的成果，严
格来讲不是学术成果，我们所进行的写作也不是学术写作。很多出版社也明确规
定，缺少引用、转述和参考文献的书稿，是无法作为学术专著出版的。只要谈及
学术，就要与学术界进行交流和对话，如果连引用或转述都没有（也就不存在参
考文献了），我们又怎样与学术界的既有研究进行交流和对话呢？

搞懂"为什么"后，我们再来看看"是什么"。这里所说的引用或转述，就
是把他人学术成果中的观点、主张或者研究结论作为论据（也可以作为分析、比
较乃至批评的对象），放在自己的论证过程中。

经过这样一番介绍，怎样的引用或转述是符合学术规范的，也就不难想象了。

第一，无论是引用还是转述，都要注明文献出处。这里的文献出处应该包含
著者、文献名、出版者或刊载期刊、出版年（卷、期）和页码（起止页）等基本
信息。如果是网络发表的文献，则需注明网址、发布日期或引用日期。严格来讲，
文献出处基本信息的任何缺失，都是不规范的。

第二，如果是引用，被引用的文字内容（包括标点符号）须用双引号在文中

标出，并且确保双引号内的文字内容（包括标点符号）保持文献原样，做到一字不改、一个标点符号也不动。

第三，如果是转述，转述的观点、主张或研究结论须和原文本意保持一致，不能为了更好地支撑自己的论证而断章取义，更不能曲解甚至歪曲转述文献的观点、主张或研究结论。

第四，能直接引用的就不转述。因为只要是转述，势必会带有转述者的主观偏好，就存在断章取义或者曲解原文本意的风险——哪怕这是非主观故意造成的后果。

5.3.6　努力做到表述方式的学理化

有关申报成果的行文及体例规范问题还有最后一个注意事项，那就是努力做到表述方式的学理化。

申报成果要做到表述方式学理化的原因，还是要从学术写作的性质中来寻找。正如我在前文多次指出的那样，既然是学术写作，就要与学术界同行进行交流和对话。而要进行交流和对话，就要使用为广大学术界同行普遍认可的表述方式，只有这样的表述方式才被视为符合规范的、可以通约的。于是，一套被学术界同行普遍认可、共同遵循的表述方式就逐渐形成了，这种表述方式就是学理化的表述方式。正因为如此，表述方式的学理化也是学术写作的一个底线要求。没有学理化的表述方式，就不是学术写作，写出来的作品也不是学术成果。

那么，什么是学理化的表述方式呢？具体到申报成果的写作，学理化的表述方式可体现为申报成果是使用本学科、本专业、本研究领域的话语体系、理论体系、方法体系和概念体系来进行写作的；申报成果中提出的每一个观点或主张，得出的每一个结论，都有相应的论据（引用或转述的资料或数据）作为支撑，并有严密的论证过程；等等。

和学理化的表述方式相对应的是口语化的表述方式。因此，我们可以通过避免进行口语化的表述来实现表述方式的学理化。口语化的表述方式很好理解，就是像日常对话那样，用"大白话"进行写作。比如"碰到个邻居唠几句嗑""参加个家庭聚会，和朋友们坐在一起聊聊天""钱要用在正经地方"，这就是典型的口语。简而言之，若采用口语来进行写作，就是使用了口语化的表述方式。

目前很多自媒体的推文，还有一些偏科普类型的文章，为了拉近与读者的距离，会采用口语化的表述方式来进行写作。这种做法非常接地气，效果也很好。但是对于学术写作而言，若不适度、适当使用，就有可能成为"灾难"。

因此，如果觉得学理化的表述方式不容易把握，那么我们在写作中至少要远离"口语化陷阱"。虽然避免口语化表述和做到学理化表述之间还有一段距离，但是我们已经避开了最坏的情况。

还需注意的是，如果在申报成果中使用了访谈资料，把访谈对象说的"大白话"放在文本中作为论据或者分析对象是没有任何问题的，因为这些文字是对事实的呈现，原原本本地把它们放进申报成果中反而能增强论证的合理性。

同时，还要避免另一个极端，即"为了学理化而学理化"，也就是我们常说的"不说人话"，在写作中故弄玄虚、矫揉造作，把功夫和心思都用在怎样把内容变得晦涩难懂上。"为了学理化而学理化"是很容易被评委发现的，我们的行为也就成了东施效颦，这就非常尴尬了。

最后我想说明的一点是：不仅针对申报成果，其实关注学术写作的规范化是一条无尽长路，学术写作没有最规范，只有更规范，我们永远在路上。

画重点

有关申报成果行文及体例规范的 6 个注意事项如下。

（1）确保行文之中的每句话都通顺。处理这个问题时不要大意，实际情况并不乐观。

（2）消灭行文及其外观呈现中的形式错误，主要包括标点符号使用不规范问题、错别字问题及版面格式问题。

（3）关键表述方式（如学术专有名词和学术概念）要做到全文统一。

（4）各级标题的序号样式要规范使用，同级标题使用的序号样式要做到全文统一。

（5）引用或转述要符合学术规范，注明文献出处。如果是引用，双引号内的引文要保持文献原样；如果是转述，转述的观点、主张或研究结论须和原文保持一致，不能断章取义。能直接引用的就不转述。

（6）努力做到表述方式的学理化，在写作中要远离"口语化陷阱"，同时也要避免"为了学理化而学理化"。

关注学术写作的规范化是一条无尽长路，我们永远在路上。

5.4 怎样理解申报成果需完成 80% 以上

各级各类后期资助项目的申报公告 / 通知里，通常都会有关于申报成果完成度的要求。例如，《2024年国家社会科学基金后期资助暨优秀博士学位论文出版、优秀学术著作再版项目申报公告》中强调，"申报后期资助项目的成果需完成 80% 以上"；《教育部办公厅关于 2024 年度教育部哲学社会科学研究后期资助项目申报工作的通知》中指出，"申报项目已完成研究任务 70% 以上，申报时须提供已完成的书稿电子版（或其他非纸质成果）"；《国家民委办公厅关于申报 2024 年度国家民委民族研究后期资助项目的通知》中指出，"申报项目的课题负责人，须已开展实际研究工作，并已完成研究任务的 80% 以上内容"。

那么，该怎样理解申报成果需完成 70% 或 80% 以上（完成研究任务的 70% 或 80% 以上）呢？本节将集中回答这个问题。出于行文的方便，我在下文只以 80% 为例来进行讨论。

5.4.1 数量要求：已完成字数占总字数的 80% 以上

从数量上来理解"需完成 80% 以上"是较为直观的。这意味着在提交申报成果时，提交的已完成成果字数要达到预期成果总字数的 80%，如图 5-8 所示。

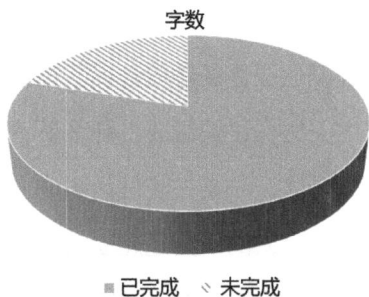

字数

■ 已完成　　　未完成

图 5-8　从数量上来理解"需完成 80%"

正如在本书第 4 章"申请书写作"的"数据表填写要点提示"小节中所举的例子一样，如果提交的已完成成果字数是 16 万字，那最终成果字数就不要超过 20 万字。因为 20 万字的 80% 就是 16 万字，最终成果字数低于 20 万字才能达到"需完成 80% 以上"的数量要求。

那么，这个数量要求是不是意味着只要已完成成果字数占预期成果总字数的 80% 就可以申报了呢？不一定，因为这只是一个必要条件，而不是充分条件。我们继续往下看。

5.4.2 内容要求：核心研究任务须完成

相对于数量要求而言，内容要求更具实质意义。在我看来，若想达到"需完成 80% 以上"的目标，至少要在以下 3 个方面交出满意的答卷。

第一，申报成果的核心议题需完成研究。在申报成果中，核心的研究议题是什么？有可能是理论建构的问题，也可能是历史梳理的问题，还可能是概念内涵的界定问题、运行机制的分析问题、量化数据的统计分析问题，等等。不管是什么问题，这些问题如果属于申报成果所要研究的核心议题，那么提交的申报成果的已完成内容一定要覆盖这些核心议题。否则，申报成果的完成度就容易被质疑。

例如，申报成果要研究的是某位哲学家的思想及其对现代生活的启示，那么，对这位哲学家的思想脉络和基本内容的研究就应该完成。否则，如何谈论它对现代生活的启示？

第二，研究所涉及的关键假设需经过验证而且证成。这个道理很好理解，如果不能确保所进行的研究的关键假设被证成，那么不管写了多少字，做出了多么美好的设想，依然存在巨大风险。一旦关键假设不成立，整个议题的研究价值也就被否定了。因此，如果申报成果的研究是建立在一个或一系列关键假设的基础上的，那么在提交的已完成的内容中，就一定要让关键假设经过验证而且证成。

我之前听说过一件关于国家自然科学基金项目的事情。某个项目获批立项后，经过 3 年的研究，课题负责人提交了一份只有几页纸的说明——这份说明指出，经过多方检验，这个项目的关键假设不成立。然后，经过国家自然科学基金委员会的专家匿名评审，这个项目顺利结项了。为什么？因为对于自然科学研究而言，能够通过 3 年的研究证明其关键假设不成立，也是对自然科学研究的贡献，而且也是符合自然科学研究发展的一般规律的。

现在回到后期资助项目的讨论。对于提交的申报成果而言，关键假设不成立，或者关键假设未经过验证且不能确保证成是否可以接受？显然不是。为什么？因为不会有人或机构去资助一个已经完成了 80% 的研究任务，却还没有证实关键假设成立的社科类研究成果。

第三，申报成果的理论分析框架需搭建完成。如果申报成果是想搭建一个理论分析框架，然后基于这个理论分析框架来展开相关议题的研究工作，那么，这个理论分析框架应该被完整呈现。如果理论分析框架还没有搭建完成，你就洋洋洒洒地写了十几万字甚至几十万字，这个事情怎么想都不靠谱，你也就别指望会有评委为你的申报成果投赞成票了。

理论分析框架（如果有）就好比是一栋房子的地基和用混凝土浇筑的四梁八

柱，就好比是一匹马的骨骼。如果缺少地基、四梁八柱和骨骼，你会为一堆砖头瓦块或者一堆血肉皮毛买单吗？

5.4.3 形式要求：能够提供确定性和完整性

下面再从形式要求的角度给出我对"需完成 80% 以上"的理解。在我看来，如果把"需完成 80% 以上"落实在申报成果的形式上，其实就是要求在形式上尽量提供关于申报成果的确定性和完整性。

一方面，申报成果的 3 级标题都确定下来，完整呈现。也就是说，提交的申报成果的目录应该是完整的，不应该有章节标题的缺失。保险起见，我甚至建议更进一步，连通常不需要在目录中体现的三级标题，也就是目标题，也都要设计好，确定下来。当这样的申报成果呈现在评委眼前时，较强的确定性和完整性一定会让评委对申报成果留下深刻的印象。

你可能会有疑问,如果这样执行,未完成的内容该怎样在申报成果中体现呢？图 5-9 所示的内容来自我第二次中标国家社科基金后期资助项目的申报成果，图 5-9 右上角框内的部分表示的就是我的未完成内容。你会发现，在我的申报成果中，3 级标题都是确定的，未完成内容只出现在三级标题的下面，而且为了提供确定性，我还预估了未完成内容的字数。该示例仅供参考。

另一方面，申报成果中的未完成部分要比已完成部分更容易完成。这样做的道理也很简单，其实也是为了提供确定性和完整性。评委打开我们的申报成果并浏览，发现"硬骨头"已经被我们啃下来了，所有比较艰难的议题我们都已经完整呈现在申报成果中了，而剩下的未完成内容都是一些相对旁枝末节的部分，而且看起来也比较简单，这样一来，评委就会对我们完成这个申报成果有信心，愿意给我们的申报成果投赞成票。

反之，如果你把所有容易写的，小修小补、边边角角的内容都做得很好，而那些比较艰难的、相对复杂的，需要下功夫才能搞定的部分都未完成，这种"小聪明"很容易被评委识破，从而导致减分。

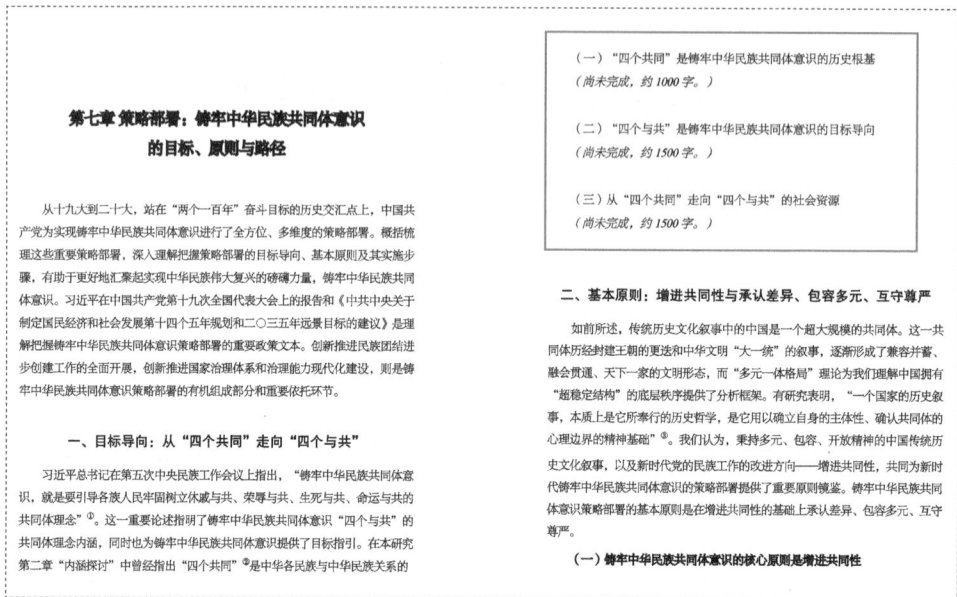

第七章 策略部署：铸牢中华民族共同体意识
的目标、原则与略径

从十九大到二十大，站在"两个一百年"奋斗目标的历史交汇点上，中国共产党为实现铸牢中华民族共同体意识进行了全方位、多维度的策略部署。概括梳理这些重要策略部署，深入理解把握策略部署的目标导向、基本原则及其实施步骤，有助于更好地汇聚起实现中华民族伟大复兴的磅礴力量，铸牢中华民族共同体意识。习近平在中国共产党第十九次全国代表大会上的报告和《中共中央关于制定国民经济和社会发展第十四个五年规划和二○三五年远景目标的建议》是理解把握铸牢中华民族共同体意识策略部署的重要政策文本。创新推进民族团结进步创建工作的全面开展，创新推进国家治理体系和治理能力现代化建设，则是铸牢中华民族共同体意识策略部署的有机组成部分和重要依托环节。

一、目标导向：从"四个共同"走向"四个与共"

习近平总书记在第五次中央民族工作会议上指出，"铸牢中华民族共同体意识，就是要引导各族人民牢固树立休戚与共、荣辱与共、生死与共、命运与共的共同体理念"①。这一重要论述指明了铸牢中华民族共同体意识"四个与共"的共同体理念内涵，同时也为铸牢中华民族共同体意识提供了目标指引。在本研究第二章"内涵探讨"中曾经指出"四个共同"②是中华各民族与中华民族关系的

（一）"四个共同"是铸牢中华民族共同体意识的历史根基
（尚未完成，约1000字。）

（二）"四个与共"是铸牢中华民族共同体意识的目标导向
（尚未完成，约1500字。）

（三）从"四个共同"走向"四个与共"的社会资源
（尚未完成，约1500字。）

二、基本原则：增进共同性与承认差异、包容多元、互守尊严

如前所述，传统历史文化叙事中的中国是一个超大规模的共同体。这一共同体历经封建王朝的更迭和中华文明"大一统"的叙事，逐渐形成了兼容并蓄、融会贯通、天下一家的文明形态，而"多元一体格局"理论为我们理解中国拥有"超稳定结构"的底层秩序提供了分析框架。有研究表明，"一个国家的历史叙事，本质上是它所奉行的历史哲学，是它用以确立自身的主体性、确认共同体的心理边界的精神基础"①。我们认为，秉持多元、包容、开放精神的中国传统历史文化叙事，以及新时代党的民族工作的改进方向——增进共同性，共同为新时代铸牢中华民族共同体意识的策略部署提供了重要原则镜鉴。铸牢中华民族共同体意识策略部署的基本原则是在增进共同性的基础上承认差异、包容多元、互守尊严。

（一）铸牢中华民族共同体意识的核心原则是增进共同性

图 5-9 申报成果中未完成内容的呈现方式示例

画重点

怎样理解申报成果需完成80%以上？

（1）从数量角度理解，它意味着提交的已完成成果字数要达到预期成果总字数的80%。

（2）从内容角度理解，申报成果的核心议题需完成研究，研究所涉及的关键假设需经过验证且证成，理论分析框架需搭建完成。

（3）从形式角度理解，申报成果的3级标题应确定下来、完整呈现，申报成果的未完成部分要比已完成部分更容易完成。

5.5 落实申报成果需完成80%以上的写作建议

结合上一节对于"申报成果需完成80%以上"在数量、内容和形式上的理解，

本节给出落实这一要求的几点写作建议。

看了前面的介绍，你可能会有这样的想法：既然这个申报成果"需完成 80% 以上"的要求这么不好把握，索性我直接写完，把完成度达到 100% 的申报成果提交送审，会不会更好？

我给出的建议是这样的：既然这个项目的申报公告或通知给出了关于完成度的要求，即完成 80%（或者 70%）以上就可以申报，而没有直接要求必须全部完成才能申报，那么就还是按照人家的规则来做。为什么？因为一旦全部完成，你的申报成果也会因此而失去想象空间。

有的时候留一点空白、给一些余地、有一个弹性，不是什么坏事。我们都知道绘画、摄影、电影还有文学创作中都强调留白的价值，对于后期资助项目申报而言，"留白"也是有一定价值的。从我个人的申报经验来看，我中标两次国家社科基金后期资助项目所提交的申报成果都是未 100% 完成的，只满足了"申报成果需完成 80% 以上"这一必要条件。

所以，我的建议还是把注意力集中在提高申报成果的内容质量上，而不是纠结于数量问题。只要达到 80% 以上这条基准线，你就已经跨过门槛，可以申报了。但是能否中标，不是由基准线决定的——这也是我不建议你在申报时就全部完成的理由之一。过了基准线就可以参评，接下来的竞争不是数量上的，而是质量上的。不是别人完成了 85% 而你完成了 95%，你就更有机会中标项目，关键看质量。

例如，我在提交自己第一次中标国家社科基金后期资助项目的申报成果之前，经过权衡取舍，还删去了其中一些已经写好的内容。为什么？因为我对那些内容不满意。既然已经达到基准线了，就要为质量而战，删去自己不满意的内容，也是一种策略。

当然，如果你确实准备得非常充分，也对申报成果的质量很有把握，那么提交申报成果的完成稿也是可以的。不是说你明明已经完成了，也非常满意，还非得假装成未完成的样子，这就大可不必了。凡事都要能权变，做到具体问题具体分析——我提交的中标国家民委民族研究后期资助项目的申报成果，就是 21 万字的完成稿。

画重点————————————————————————————➤

怎样落实申报成果需完成 80% 以上？

（1）建议不要全部完成，达到 80% 以上的基准线就可以，留有想象空间对申请人比较有利。

（2）达到 80% 以上的基准线后，申报成果的质量就远比数量更重要了。

（3）如果确实全部完成，也对申报成果的质量非常有信心，那就整体提交。

5.6 怎样理解实质性修改达到原论文字数 30% 以上

关于申报成果的写作，还有一个问题值得专门讨论。这个问题就是：如果以博士学位论文、博士后研究报告为基础申报各级各类后期资助项目，该怎样把这个"基础"变成申报成果？本节重点讨论怎样理解的问题，在下一节再讨论怎样把这种理解落实在申报成果的写作中。

5.6.1 需要"进行实质性修改"的适用场景

一般而言，各级各类后期资助项目的申报公告/通知里都有与博士学位论文、博士后研究报告相关的限制性规定。例如，在《2024 年国家社会科学基金后期资助暨优秀博士学位论文出版、优秀学术著作再版项目申报公告》中有这样的要求："以博士学位论文、博士后研究报告为基础申报的，论文或报告完成日期应为三年以上（答辩日期为 2021 年 6 月 30 日之前），并在原论文或报告基础上进行实质性修改，且增删、修改内容篇幅达到原论文或报告字数 30% 以上。"教育部哲学社会科学研究后期资助项目也有类似的规定。例如，《2024 年度教育部哲学社会科学研究后期资助项目申报常见问题答疑》中对"博士学位论文或博士后出站报告可以申报后期资助项目吗？"的回答是："可以申报，但所报成果应是 3 年前（2021 年 6 月 30 日前）获得答辩通过的博士学位论文或博士后出站报告，并在原文基础上进行实质性修改和创新。"

鉴于国家社科基金后期资助项目所具有的引领性和权威性，我主要围绕该项目申报公告中"……并在原论文或报告基础上进行实质性修改，且增删、修改内容篇幅达到原论文或报告字数 30% 以上"的这一要求，来讨论以博士学位论文、博士后研究报告为基础申报各级各类后期资助项目的情形。这种讨论对于其他各级各类后期资助项目也有参考借鉴意义。

可以发现，这里要求的"实质性修改"是有特定适用场景的。也就是说，作为项目申请人，如果是以自己的博士学位论文或者博士后研究报告为基础来申报后期资助项目（包括重点项目和一般项目）的，也只有在这样的特定场景下，才需要遵照相关要求来做出修改。

画重点 ————————————————————————➤

需要"进行实质性修改"的适用场景如下。

（1）以申请人自己的博士学位论文为基础申报后期资助项目。

（2）以申请人自己的博士后出站报告为基础申报后期资助项目。

5.6.2 怎样的修改不是实质性修改

为了让你更好地理解什么是实质性修改，先给出几个我认为的非实质性修改的例子供你参考——哪怕我所列举的这些内容的增删、修改篇幅达到博士学位论文或者博士后出站报告字数的 30% 以上，相应修改也不是实质性修改。

第一，文献查新不是实质性修改。例如，你的博士学位论文通过答辩已经快 5 年了，那么在过去 4 年多，学术界关于这个问题有没有什么新的研究进展？为回答这个问题，你做了文献查新的工作，更新替换了比较陈旧的文献，增补了新近的研究成果。这种文献查新的篇幅就算超过了原论文字数的 30%，只要它局限在单纯的文献查新范畴，就不属于实质性修改。

第二，案例增补与数据资料更新不是实质性修改。例如，你对自己博士后出站报告中的案例进行了替换，对当年进行田野工作时获取的调研数据资料进行了更新，甚至为了更新这些数据资料，又在田野点进行了调研，这也不属于实质性修改。

第三，对研究综述的扩展不是实质性修改。同样的道理，如果你基于新近研究成果对自己的博士学位论文或者博士后出站报告中的研究综述进行了扩展，这也不是实质性修改。

第四，对导论（绪论）、结语（结论）的修改和增删不是实质性修改。例如，你对自己的博士学位论文或者博士后出站报告的导论（绪论）、结语（结论）进行了修改、增补和删减，哪怕申报成果的开头和结尾因此变得很不一样，但是严格说起来，这些都是对边边角角的修改，不能算作实质性修改。

第五，对不靠谱内容的增加不是实质性修改。例如，你在自己由 6 章内容构成的博士学位论文的基础上增加了一两章的内容，如"思考与启示""讨论的延伸""议题的商榷"等，这些内容看起来就很不靠谱。从凑字数的角度来看，虽然这些内容的篇幅可能占了原论文篇幅的30%以上，但还是不能算作实质性修改。

总之，当我们扪心自问"这些修改算实质性修改吗？"时，只要我们在回答过程中纠结，那就肯定不是。或者换个说法，当我们不断向别人求证，特别希望别人能告诉自己"对呀，这个肯定没问题，这当然是实质性修改呀……"时，这就通常不是实质性修改。

要知道，所有无法说服自己的"假装修改"，同样也无法说服评委。

画重点

怎样的修改不是实质性修改？

（1）文献查新不是实质性修改。

（2）案例增补与数据资料更新不是实质性修改。

（3）对研究综述的扩展不是实质性修改。

（4）对导论（绪论）、结语（结论）的修改和增删不是实质性修改。

（5）增加"思考与启示""讨论的延伸"之类的内容不是实质性修改。

所有无法说服自己的"假装修改"都不是实质性修改。

5.7 落实实质性修改达到原论文字数 30% 以上的写作建议

说了这么多的"不是"，其实什么是实质性修改的答案也就呼之欲出了。并不是我非要卖关子，而是把不是实质性修改的情况尽可能列举出来，更能真正帮你破除幻想，认真审视自己的博士学位论文或博士后出站报告，踏踏实实地进行实质性修改。这样做的目的也不是自找苦吃，而是要避免蒙混过关、滥竽充数。要知道，侥幸心理会让我们远离成功。既然要求我们做实质性修改，做好实质性修改就是真正的捷径。

5.7.1 怎样做实质性修改

在我看来，只有那些能给博士学位论文或者博士后出站报告带来实质性变化的修改，才是实质性修改。基于这个原则，做实质性修改包括但不限于如下方面。

列清单 ————————————————————————————➤

（1）进行了研究议题的拓展或聚焦，而这种拓展或聚焦是因把研究议题整体纳入一个新的视域、趋势、传统或者场景而实现的。

（2）出现了研究容量的增减，并且这种增减来自客观叙事逻辑的转换，而非主观的人为干预。

（3）发生了理论分析框架的改变，并且有充分的理由能证明改变后的理论分析框架拥有更强的现实解释力和理论生命力。

（4）出现了研究逻辑（技术路线）的迭代，并且这种迭代导致连锁反应，使有关当前议题的很多研究都值得重新做一遍。

（5）采用了新的研究方法，并且由于采用这种研究方法，形成了一系列新的学术增长点。

（6）修正了之前的观点或主张，并且这些观点或主张的修正是由研究结论中的新发现带来的。

好了，如果对博士学位论文或者博士后出站报告的修改是在上述的一个或多个维度进行的，并且也确实出现了符合上述描述的结果，同时修改的内容篇幅达到原论文字数的30%以上，这样的修改就是实质性修改。

画重点 ────────────────────────────────➤

怎样做实质性修改？

只有那些能够在研究议题、研究容量、理论分析框架、研究逻辑（技术路线）、研究方法、研究结论上带来实质性变化，同时修改的内容篇幅达到原论文字数的30%以上的修改，才是实质性修改。

5.7.2　修改说明该如何撰写

根据国家社科基金后期资助项目申报公告中的要求，如果是以博士学位论文或博士后研究报告为基础申请的后期资助项目，还需提交博士学位论文或博士后研究报告的原文，并附一份修改说明。在本章的最后，就这个修改说明该如何撰写的问题做简单讨论。

好消息是，关于修改说明的撰写，我们不会毫无头绪。在全国哲学社会科学工作办公室官网发布的《国家社科基金后期资助项目申报问答》（2018年3月修订）中，有这样一段话：

> 博士学位论文或博士后研究报告，须在通过 2 年以后并经过较大修改方可申报。……以修改后的博士论文或博士后报告申报，须同时提交论文或报告原文，以及详细的修改说明（具体说明在内容、结构、研究方法、字数等方面的变化），否则不予受理。

虽然现在的项目申报要求有所调整，如目前的要求是通过答辩满 3 年（2018年是满 2 年），但我们完全可以对照着这个要求所体现的原则和导向来撰写修改说明。既然是"详细的修改说明（具体说明在内容、结构、研究方法、字数等方面的变化）"，那么，从修改说明的体量或者撰写原则上看，这份修改说明要做到务实、详尽。而从内容上看，这份修改说明要具体说明申报成果较于博士学位论文或博士后研究报告在内容、结构、研究方法、字数等方面的变化。总之，写作的重点应该放在"变化"上，然后要做到具体说明、详细说明。

有了这样的分析和判断，我们也就把握了撰写修改说明的"基本盘"。接下来的工作，就是在这些分析和判断的指导下写出修改说明。

再给出几个写作的注意事项。

第一，要逐一指出申报成果较于博士学位论义或博士后研究报告在内容、结构及研究方法等方面的具体变化。也可以对照 5.7.1 小节中给出的清单，逐一描述相应变化。

第二，在指出每一处具体变化的同时，也可以适当介绍为什么要做出这样的改变，即提供"知其然"背后"知其所以然"的内容。不过这里需要注意的是，对于修改说明而言，对"为什么"的说明远没有对"是什么"的描述重要，两者"三七开"比较好，其中"为什么"是"三"，"是什么"是"七"。

第三，作为对"且增删、修改内容篇幅达到原论文字数 30% 以上"这一要求的回应，在描述具体变化时，还要记得把这些变化落实在字数的改变上，而且字数的改变幅度确实要达到 30% 以上。

结合以上几个注意事项，最终写出的修改说明基本就是这样的结构：申报成果对博士学位论文或博士后研究报告中的某个研究内容做了×××调整（是什么），做出这种调整的原因主要是×××（为什么），这种调整体现在成果中，就是某一章某一节的某个内容增删、修改了×××字……

最后还需注意的是，虽然在之前的讨论中指出文献查新、案例增补、数据资料更新等不算是实质性修改，但是也不能说它们完全不算修改。这些改动也是很有必要的，只是它们还没达到实质性修改的程度，属于外围性修改、常规性修改。

画重点 ——————————————————————➤

修改说明撰写的建议如下。

（1）写作的重点应该放在"变化"上，具体说明申报成果较于博士学位论文或博士后研究报告在内容、结构、研究方法、字数等方面的变化。

（2）作为一种必要的补充，也可以选择对做出相应改变的原因进行介绍和说明。只是这种介绍和说明是辅助性的，不能喧宾夺主。

（3）要把变化落实在具体字数上，逐一指出这些变化发生在申报成果的哪些章节及具体的字数。同时记得要让增删、修改内容的字数达到 30% 以上。

第 6 章

实战复盘

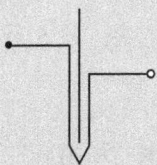

在本书的最后一章，我想就自己两次获批国家社科基金后期资助项目和一次获批国家民委民族研究后期资助项目的申报过程做一个复盘。希望这种基于当事人视角的实战经验，能为你赢得属于自己的胜利带来启示。同时，我也把自己的这 3 份获批项目的申请书里的"申报成果介绍"原封不动地放在这里，供你参考。

6.1　我是怎样获批第一个后期资助项目的

先说一下我申报这个项目的背景。

我是在当年 5 月底得知自己第二次申报国家社科基金年度一般项目未能中标的。然后，我大概用了两周时间，痛定思痛，做出了转为申报国家社科基金后期资助项目的决定，并于当年有幸获批立项——这也是我获批的第一个国家社科基金项目。

和现在的情况有所不同的是，当年的国家社科基金后期资助项目实行"常年申报，集中评审"制度，也就是说，它常年接收来自申请人的项目申报材料，然后每年组织专家集中评审两次，上半年的集中评审是在 3 月初，下半年的集中评审是在 9 月初。这也就意味着，我要想赶上 9 月初的集中评审，就必须在这个时间节点之前把项目申报材料报送上去。从 5 月底到 9 月初，留给我写作申报成果的时间就只有 3 个月左右。

随后，被我写进本书第 3 章的"机械师"思维模型开始发挥作用了。我对自己之前形成的学术成果进行了系统梳理和拼装组合，于是就有了申报成果的研究议题和写作基础。之后我一鼓作气，还真就在 3 个月左右的时间里完成了 16 万字（申报成果总字数的 80%）的书稿撰写工作。

到了这次"大规模学术写作"的冲刺阶段，我开始尝试用"日记体"来记录自己申报这个项目的心路历程。这些文字被我陆续更新在了"小木虫论坛"的一个帖子里，这一来可以给自己打气，缓解焦虑；二来也能为自己寻找一些外部的支持和监督。帖子的标题叫"如果你恨一个人，就给他 3 个月的时间，让他去申请国家社科基金后期资助项目"。

现在，我索性就把这个帖子的内容展示出来，让你沉浸式地体验一下我的心路历程，希望能激励你。还需说明的是，当年申报这个项目，我要么能提供 3 位同行专家的手写推荐意见，要么能提供出版社的推荐意见。我选择的是前者。再有就是当年对"申报成果简介"的字数要求是不超过 3500 字,这比现在少了 1000 字。

以下是帖子的正文(内容有删减,除了修改错别字和病句,其他无改动)。

8 月 8 日

耽误了太多的时间,原因既有客观的,也有主观的,不想多说了。唯一没有改变的是:还是打算尽量努力一下,赶在 9 月 10 日之前把申请材料提交上去。显然,不为此拼尽全力,我是不会甘心的。性格决定命运,我就是这种吃苦受累的命了——我无法忍受自己无所事事,无法忍受自己没有理想。

人生之艰辛,不在境遇,而在心态。内心丰富、脆弱而敏感的人,注定要过颠沛流离的人生。我想说的是:如果我注定只能过这样的人生,如果这就是我的人生的话,那我认了。

打算写的书稿由绪论、5 章正文、结语构成,大概 20 万字的篇幅。现在写好的内容应该已经超过一半了,写得还是比较粗糙的,但是现在我不打算苛求质量,先把书稿的 80% 完成了再说,否则,我将失去这次申报的机会了。

21 号去北京,找专家帮我写推荐信。前提是,我得完成书稿的 80%。我已经订票了,不想给自己任何退路。"人是逼出来的,马是骑出来的",我的一个 QQ 好友这样鼓励我。

加油!

8 月 9 日

写作的进度远比脑海中的计划要慢得多,具体行文中遇到的问题也远比想象中来得复杂。

迈克尔·曼的国家建构理想类型,一定要写完。别被想象中的疲惫压倒,要适量运动，要补充营养。

尽力而为。

8月12日

时常沉溺于流行歌曲营造的情绪里，经常为了梦想而在午夜敲击塑胶键盘，显然，我打算成就一些事。

第一章，作为全书的理论基础部分，刚才已被我踏踏实实地写完了。第二章和第三章的主干内容早已完成，我打算利用两天（最多两天）的时间来把它们梳理清晰，这样，在拿书稿的打印稿去见专家前，我还能剩下……整整一周的时间。

一周的时间，还有接近两章的内容等着我去完成。这显然是一项不可能完成的任务了，但我不甘心，必须努力试一下。退一步讲，如果我能踏踏实实地写出这两章中的一章，那么，书稿的雏形也算是基本形成了。

我知道欲速则不达的道理，我也知道这样赶书稿，为追求速度所付出的代价只能是质量的下降。速度越快，质量越差。可我的想法（幻想）是这样的：如果有幸拿下这个项目，那我还有整整一年的时间来完善它。所以，书稿的质量还是有保障的。而且，这部书稿虽然尚未成形，但是它一定会比我的上一部书稿要好得多，因为它摆脱了博士学位论文的束缚，是完全按照我所追求的学术专著的风格来搭建和书写的。

它会成为我的学术代表作，我坚信这一点。

8月14日

切记，复制粘贴的时候一定要注明出处啊！这是多么经典而且适用的言论，我却忘记这句话是从哪里粘贴过来的了。

加油干吧！

8月16日

最后一章，今天开始写，希望可以赶在23日或24日带给专家审阅之前写完。

记住：

第一，文献来源一定要尽量权威，出处要多元化。

第二，别苛求细节，先写出来，把大的格局定下来。其他的都好办，以后慢慢修改完善。

第三，努力就好，别用目标逼迫自己——记得心理学中有个原理，讲的是动机过强和过弱都不利于我们发挥自己的潜力。我从来不担心自己的动机过弱，但是动机过强也绝对不是好事情，这不仅会使潜力发挥不出来，而且会增加内心的焦虑、急躁、慌乱……显然，这一切都是负面的东西，于事无补。

最后，我想引用许巍的歌词：没有什么能够阻挡，你对自由的向往。

好了，干活吧！

8月18日

时间越来越紧了，这个时候，考验我的已经不是书稿的具体进展，而是我内心的承受能力。

权衡考虑之后，还是打算把"中国经验"那一章整体删去：这一章的主体部分尚未完成，而已经完成的那个小节的质量又是全书中我最不满意的。我试图只把自认为最完美的内容展现在评审专家的眼前，而这样做的代价是：专家看到的书稿可能就只有14万字多一点。

人生就在舍得之间变换着不同的风景。

联系的一位专家23日不在北京，还有一位至今没有准确回复。北京我是一定要去的。明天，最晚后天，要把这个事情敲定落实。这趟北京之行至少要拿到两位专家的推荐信，看我的运气吧。

8月20日

昨天算是力排万难，踏踏实实写了一天的项目申请书。之后，为把"申报成果简介"里的字数从5500字压缩到3500字而呕心沥血，忙到凌晨一点多才搞定。

越写越没信心，这是非常真实的感受。开始有些犹豫和彷徨——其实一直都是这样的，只是越事到临头，这种感觉越强烈。如果能顺利得到专家的推荐，顺利上报，之后，我会努力把这件事情忘记。

记得莎士比亚说过：美满的想象不过使人格外感觉到命运的残酷。

因为时常对自己感到彻头彻尾的绝望，我沉溺在书稿的写作之中，沉溺在由此派生出的患得患失的幻想之中，以此逃避现实，横看成岭侧成峰的现实。

今天把项目申请书填报完毕，书稿还有一小部分内容没有完成，完成之后，就把这些内容保存，作为提交给专家审阅的打印稿的"定稿"。计划明天上午和爱人带女儿和老同学一家去泡温泉，中午一起吃个饭，再乘下午的火车去北京。

再之后，我会继续写我的书稿，提高已经完成部分的质量。9月2日之前要结束全部工作，去科研处盖章，提交全部材料。

8月23日

21日上火车，结果桥梁坍塌导致火车晚点6小时，今天凌晨3点半我才赶到住宿的地方安顿下来。于是在朋友圈里引用了一句汪峰的歌词：晚安北京，晚安所有未眠的人们。

休息了两个多小时，6点起床。必须承认，今天是美好的一天，很可能也是最近这一年多来最顺利的一天。

冲澡、洗漱，把项目申请书最后校对一遍，准备了两个版本。因为自己的导师去了波兰，所以3位专家中还有一位没最后确定。8点半，发短信、打电话，第三位专家最终确定了。吃饭、打印，终于赶在10点和第一位专家见面了。

50分钟之后，见到了第二位专家——他和第一位专家在一层楼办公，办公室只相距20米。

午饭之后，回酒店休息了20分钟，挣扎着起床赶往燕郊——去见第三位专家。

弟弟得知我来北京了，叫上我们共同的朋友，一起吃了顿晚饭。

晚上8点半，终于赶回了住处。累得不行，但是很兴奋：没想到专家们都在北京。一位是外出了50多天，8月20日才回到北京；一位是原计划去哈尔滨，结果因故推迟了。

接下来的一周时间，再解决书稿中的两个小问题，然后把已经写出来的内容打磨一下。再就是处理形式不规范的问题，要让打印出来的书稿版面尽可能漂亮。

8月26日

开学了，一大堆事情摆在眼前：就拿今天来说，上了4节课，区委宣传部理论处要求写一篇关于民族团结的文章，要得还比较紧。回想自己从有写书稿的意向到现在，真正专注于写作的时间实在太少了。这导致的直接后果就是书稿的质量一定不会很高，这是一件多么悲哀的事情啊。拼尽全力，也只能就是现在这个样子了。

按照自己的计划，打算9月2日提交申请材料。之后，好好放松一下——除了教学，放下所有事情（写到这里的时候，我也知道这是很难实现的，唉），好好休息一下。我太需要休息了。

8 月 30 日

终于凑够预计的 16 万字了，不过是加上注释的。

还剩下 3 天时间。在书稿的形式规范上再下些功夫，把绪论中的"分析框架"和结语再仔细推敲和润色一下。所有的努力只是为了当我回想这段经历的时候，我会觉得，无论成败，起码我拼尽全力了。

9 月 2 日

一遍又一遍地校对书稿，颠三倒四的，而且居然越看越紧张。后来发现，这个东西不打印出来放在那里，就永远有工作要去做。于是不管了，直接打印，就此放下。另外已经和省社科规划办的老师约好了，明天一早电话联系，之后上报材料。

无论最终结果如何，我尽力了。是的，我没办法全力以赴，有太多的事情对我的写作构成干扰，但是我真的已经尽力了。提交上去之后，就立刻把这个事情忘记——我需要好好放松一下，恢复元气。

最后我想说的是，人生就是不断把可能变成现实的过程。无论怎样，我真切地努力了、付出了，什么样的结果我都能接受。

影片《阿甘正传》里有句台词：人要是想往前走，就得抛开过去。

必须承认，这是现在的我最想做的事情。

6.2 第一份中标项目申请书里的"申报成果介绍"

我把在上一节介绍的获批立项的国家社科基金后期资助项目申请书里的"申报成果介绍"的内容放在这里，供你参考。如果感兴趣，你也可以对照本书前面的写作技巧来看此内容，应该能有更多收获。我提交的申报成果名称为"现代民族国家建构：理论、历史与现实"。

本成果主要内容（详写），主要观点，研究方法，学术创新，学术价值；存在问题和需要改进之处，下一步研究计划。（此栏目不超过 3500 字；此外，还须另制作活页一式 7 份附在申请书中，活页样式附后）

本成果主要内容

现代民族国家是在欧洲传统王朝国家的基础上形成和发展起来的。并且，民族国家与以往国家形态在性质和内容上存在诸多差别，这些差别也构成了民族国家的优势。由此，民族国家产生示范效应而迅速在世界范围内扩展，成为当今世界最为基本的政治分析单位和国际关系分界。然而，随着全球化时代的来临，民族国家遭遇前所未有的挑战。作为理论回应，中西方学术界在有关全球化时代民族国家历史命运的讨论中，形成了两种截然相反的观点：一种是认为民族国家已经过时，宣称"民族国家终结"，倡导通过"世界政府"与"全球治理"来替代民族国家；另一种则认为民族国家数量的增多和族性的加强意味着它不会被取代，主张通过"国族建设""重塑国家主权""国家能力建设"等途径来重振民族国家。那么，应该如何看待民族国家？民族国家的初创、历史演进及其全球扩展与当今民族国家所面临的挑战具有怎样的联系？民族国家的发展前景会怎样？对于这些关乎民族国家未来发展的重大问题的深切关注，构成了本成果写作的初衷。我们试图以"现代民族国家建构"为视角，通过理论、历史和现实三个维度的考察来对这些问题进行尝试性解答。

本成果的主要内容包括：作为本成果的"理论基础"部分，书稿第一章对国家建构理论进行了当代政治思想史的考察。"行为主义革命"打破了将政治学等同于国家学的传统，开辟了政治学研究的全新方法与广阔领域。但因其固有局限，20 世纪 70 年代后期出现了"使国家回到注意中心"的运动，比较政治学研究向国家中心论范式回归，国家建构作为"回归国家"的新兴理论开始受到关注。书稿系统梳理了国家建构理论的两大流派以及近年来国际组织对于国家建构理论的拓展，并对中西方学术界探讨国家建构阶段特征与类型划分的代表性观点进行了评介。

作为本成果的"概念解析"部分，书稿第二章对核心概念"民族""民族国家"与"现代民族国家建构"进行了深入解析，以此廓清本项研究的边界。书稿从"作为不同历史阶段的民族"和"作为不同表述单位的民族"两方面讨论了民族概念的多义性，系统梳理了中国学术话语中的民族及其使用情况；比较了民族学、政治学、社会学等学科知识体系中的民族国家概念及其在使用中存在的问题，重点就民族政治学学科背景中的民族国家定义、基本形式以及民族国家与现代民族国家的关联进行了分析；提出现代民族国家建构由民族建构和国家建构两个面向构成，民族建构构成了现代民族国家的内核建构，而国家建构则是现代民族国家的外观建构。书稿还对民族建构与国家建构的关系，以及在现代民族国家建构实践中存在的观念误区进行了分析。

作为本成果的"历史梳理"部分，书稿第三章以民族国家建构为视角，对民族国家在西欧的初创、在美洲和大洋洲的发展以及在全球范围的扩展历程进行了全景式、历时性的梳理。书稿把西欧民族国家的形成及其早期建构概括为"内生形态的民族国家建构模式"；把以欧洲移民作为主要人口来源，形成于美洲和大洋洲早期殖民地上的民族国家及其建构过程概括为"衍生形态的民族国家建构模式"；把伴随三大帝国解体、亚非广大殖民地半殖民地的民族解放运动和东欧剧变而形成的民族国家及其建构过程概括为"外生形态的民族国家建构模式"。在梳理的过程中，对三种类型民族国家建构模式的基本经验、主要特征和一般规律进行了总结，并对每一模式的典型国家（选取了英国、加拿大和尼日利亚）进行了个案分析。

作为本成果的"现实观瞻"部分，书稿第四章对全球化背景下民族国家的当代境遇与发展前景进行了讨论。我们把全球化时代民族国家遭遇的挑战概括为来自外部的国际组织、跨国公司和非政府组织的"去国家化"挑战与来自内部族群民族主义和次国家体系的"去中心化"挑战。之后，对于在中西方学术界有关民族国家历史命运的争论中所形成的"反对民族国家"的代表性观点进行了分析和驳斥。我们认为现代民族国家建构的任务还远未完成，作为对现实挑战和理论争论的回应，我们应该对民族国家及其建构本身进行反思，进而通过国家权力与国家能力的建构、国族建设与国家一体化的努力来"重构民族国家"。

主要观点

为了对民族国家的当代境遇和发展前景做出科学判断，需要从理论、历史和现实三个维度系统考察民族国家建构问题：①通过理论维度系统理解民族国家建构的基本线索、主要内容、本质特征和一般规律，形成对于民族国家及其发展演进的理性认识；②通过历史维度全面展现民族国家建构在全球范围的演进历程，为理解民族国家的当代境遇提供历史观照和逻辑线索；③通过现实维度深度展现全球化时代民族国家遭遇的挑战，系统剖析学术界"反对民族国家"的主要观点，形成对于民族国家历史命运的前景瞻望。

民族国家是基于特定历史背景、时代特征和现实需要而出现的特定国家形态，是国家形态历史演进的必然结果。民族国家的历史建构是有章可循的，有其产生、发展和演进的一般规律。对于这一规律的认识、提炼和总结，形成了国家建构理论。及至当代，新兴民族国家的建构则是在国家建构理论与建构民族国家实践的相互影响、彼此促发下做出的具体选择。

民族国家是由一个或多个民族基于共同的国家认同而建立的主权国家。民族国家是在国家形态历史演进中出现的一种具体类型，和民族国家处于同一序列的国家类型是城邦国家、王朝国家（封建帝国）等。如果把民族国家出现之前存在过的国家形态称为"传统国家"，那么也可以把民族国家称为"现代国家"或"现代民族国家"。以掌控国家政权的民族数量多少为分界，可以把民族国家的基本形式划分为单一民族国家和多民族国家。

现代民族国家建构包含民族建构与国家建构两个面向，前者属于内核建构，旨在把全部国内族群整合为拥有共同政治文化特质的国族，目标是实现统一的民族国家认同；后者属于外观建构，旨在推进国家政治制度体系的现代化，目标是建立现代国家民主制度。民族建构与国家建构之间存在共生互动关系，在两者的共同推动下，民族国家既拥有了国族对国家的内在忠诚，也具备了现代民主国家的外在形式。

民族国家的历史演进过程，其实就是民族国家在不同时间、不同地区和不同民族那里被不断建构的过程。根据近代以来世界范围内民族国家建构的历时性和阶段性特征，可以将其区分为"内生""衍生"和"外生"三种类型，围绕三种类型，形成了三种民族国家建构主要模式：内生形态的民族国家建构模式、衍生形态的民族国家建构模式和外生形态的民族国家建构模式。不同模式的民族国家建构在其本质特征、基本经验、一般规律方面存在诸多差异。

全球化带给民族国家的挑战以及学术界"反对民族国家"的声音意味着现代民族国家建构的任务还远未完成。作为回应，应该对民族国家及其历史建构本身进行反思和理论探索，进而通过国家权力与国家能力的建构、国族建设与国家一体化的努力等途径来"重构民族国家"。

研究方法

本成果的研究以民族政治学作为专业背景，借鉴民族学、历史学、社会学等相关学科的理论与方法，进行跨学科的综合性研究。使用的具体研究方法主要有文献分析法、比较分析法、案例分析法和规范分析法。

学术创新

从理论、历史与现实三个维度系统考察现代民族国家建构，形成对于现代民族国家建构的规律性认识，对民族国家的历史命运和发展前景做出科学判断和合理瞻望，指出全球化时代"重构民族国家"的一般路径选择。

学术价值

①国内对于现代民族国家建构问题的规范研究较为罕见，更没有出现从理论、历史与现实三个维度就此进行系统考察的研究文献；②现代民族国家建构是对近代以来世界范围内的民族国家历史演进具体道路的理论抽象，也是对不同类型民族国家历史演进本质特征的学理概括；③对于民族国家建构模式的类型学划分及其规律总结，可以透过世界各国千差万别的民族国家建构具体道路及其效果去洞见民族国家建构的本质和规律，推动该问题研究朝着学科化、理论化、规范化的方向发展；④能够帮助我们把握民族国家建构的一般规律和基本经验，为我国建构现代民族国家的实践提供理论参考与他国镜鉴。

存在问题和需要改进之处

①本成果在研究框架结构的搭建方面还有提升和凝练的空间；②对于核心概念的界定和使用还有需要斟酌和明晰的地方；③对于民族国家建构三种主要模式的基本经验、主要特征、一般规律的概括还比较粗略；④对于"重构民族国家"的立论根据和路径选择方面还有需要细化和完善的地方。

下一步研究计划

①将本成果三级目录中标示"尚未完成"的部分完成好；②针对本成果中存在的问题和需要改进的地方进行深入研究，进一步优化、提炼和整合研究内容，努力呈现该项研究的学术创新点和学术价值；③通过参加学术会议、走访专家、发表阶段性研究成果、搜集文献资料、展开学术交流等方式，提高本成果的学术质量，扩大本项研究的社会影响。

6.3 我是怎样获批第二个后期资助项目的

和第一次获批立项国家社科基金后期资助项目的"闪电战"截然相反的是，这次我从酝酿研究议题、开始申报成果的写作，直至提交国家社科基金后期资助项目申报材料，一共用了 19 个月的时间。具体来说，我是在筹划前一年的国家社科基金年度项目时，才真正注意到这个议题的。我在前一年申报国家社科基金年度项目时拟定了"百年来中国共产党推进中华民族共同体意识成长的理论创新与政策优化研究"的课题名称，申请了当年的重点项目。

提交申报材料后，出于如下两方面的考虑，我决定不管这个项目能否中标，都要先把它做起来。一方面，我开始意识到"铸牢中华民族共同体意识"这个研究议题会是一个可持续的学术增长点，兼具学术价值和现实意义，值得长期规划布局；另一方面，也是更为重要的方面，我在撰写项目申请书的过程中，查阅了很多相关文献资料，形成了自己的相对系统的思考，也因此逐渐对这个研究议题产生了浓厚的兴趣。

于是，在提交申报材料后没多久，我就带领自己的硕士生和博士生们，开始了对于这项议题的研究。后来虽然比较遗憾地得知这次申请的项目未能中标，但是围绕这项议题的实际研究工作有条不紊地开展起来了，也陆续有相关的研究成果在学术期刊上发表。

然后，一转眼就到了我第二次申报后期资助项目的那年了。当时也是有过短暂的纠结：是继续申报当年的年度重点项目，兼报后期资助项目，还是索性放弃年度重点项目的申报，专攻后期资助项目？权衡再三，我选择了后者，原因主要在于，用同一个课题去申报两个项目肯定是不行的，但如果另立一个题目，势必会花费很多时间和精力。鉴于当时的实际研究进展并不乐观，于是我选择集中攻坚。

这样一来，我就一边打磨阶段性成果，向学术期刊投稿，一边基于这些阶段性成果，写作申报成果。不过我的实际写作进度明显落后于计划，好在有惊无险，最终还是赶在后期资助项目申报的截止日期前提交了申报材料。

这就是我第二次获批后期资助项目的过程。

6.4 第二份中标项目申请书里的"申报成果介绍"

还是一样，我把这次获批立项的国家社科基金后期资助项目申请书里的"申报成果介绍"放在这里，供你参考。需要说明的是，我当时提交的申报成果名称为"中国共产党推进中华民族共同体意识的理论与实践"。获批立项时，我发现项目名称被加上了"研究"两个字。显然，加上"研究"这两个字更能体现申报成果的学术性，而我当时的考虑是，既然是学术专著，研究的属性就已经内含在申报成果的类别之中了。但从评审专家的角度来看，这是不够的，加上"研究"两个字才更合适。

**　　本成果主要内容（详写），主要观点，研究方法，学术创新，学术价值；存在问题和需要改进之处，未完成章节情况；下一步研究计划。（此栏目不超过 4500 字）**

一、本成果主要内容

　　本成果的研究议题是中国共产党推进中华民族共同体意识的理论与实践。成果由导论、正文和结语三部分构成，导论介绍选题缘起、研究进展、成果的篇章结构与内容，结语则对成果的研究结论做总结讨论，展望研究前景。正文由八章构成，从目标生成、内涵探讨、关系阐析、百年践行、政策助推、话语引领、策略部署和国际比较等八个模块，呈现中国共产党推进中华民族共同体意识的理论探索与实践经验。

　　1. 目标生成模块。重点分析中国共产党缘何推进中华民族共同体意识。成果认为，中国共产党的奋斗目标和初心使命是由近代中国特定时代场景以及共产党人肩负历史重任决定的，明确这一点有助于理解中国共产党持续推进中华民族共同体意识的生成逻辑。成果从发生学视角出发，遵从历史与逻辑相统一的方法论，呈现共产党人奋斗目标、初心使命、成长历程对于近代中国救亡图存、致力于实现中华民族伟大复兴的内生性，以此作为本研究的出发点。具体而言，该模块从西方殖民列强入侵引发近代中国政治生态发生连锁反应入手，检视中华民族意识觉醒与中国共产党成立之间的相关性以及中国共产党初心使命确立的必然性。在此基础上，讨论党史百年不同阶段中国共产党对于初心使命的践行与推进中华民族共同体意识的内在关联。进入新时代，中国共产党提出铸牢中华民族共同体意识，是统筹国内国际"两个大局"而做出的重要战略选择，是为应对全球性问题而提出的中国本土化解决方案，是中国共产党推进中华民族共同体意识的现实逻辑。

　　2. 内涵探讨模块。主要就中华民族共同体意识的概念、结构与功能进行系统分析。该模块重点廓清中华民族、中华各民族、中华民族共同体、中华民族共同体意识等核心概念的定义、特征、本质以及中华民族共同体意识的要素结构与基本功能，形成有关中华民族共同体意识"是什么"的基础认知，以此作为本研究的立足点。具体而言，该模块从"共同体"与"共同体意识"这对"元概念"入手，从实体与观念的分析框架理解界定这对元概念。在此基础上，从中华民族、中华各民族、中华民族共同体的关系比较中，形成对于中华民族共同体的概念界定。接下来，成果从马克思主义意识理论出发，结合元概念的讨论，形成对于中华民族共同体意识的内涵把握。最后，就中华民族共同体意识的要素构成与结构层次，以及铸牢中华民族共同体意识的基本功能进行分析。

3. 关系阐析模块。主要从多元一体格局与中华民族共同体意识的关系入手，以此作为分析框架对本成果涉及的几对核心范畴之间的关系进行学理阐析。这里涉及的关系范畴主要包括党的民族理论与政策的关系、民族政策与民族事务的关系，以此为基础讨论党的民族理论与政策对于推进中华民族共同体意识的作用。关系阐析的议题为研究的顺利实施提供"脚手架"，这一内容也构成本研究的支撑点。具体而言，该模块首先就多元一体格局与中华民族共同体意识的关系进行学理分析，在此基础上，从增进共同性的视野中梳理民族政策与民族事务的关系，审视党的民族理论与民族政策的互嵌与分殊，最终形成有关党的民族理论与政策对于推进中华民族共同体意识作用的总体性把握。

4. 百年践行模块。该模块聚焦百年来中国共产党推进中华民族共同体意识的进程及其基本经验。在对百年党史进行阶段划分的基础上，系统梳理百年来中国共产党推进中华民族共同体意识的理论创新与政策实践，通过历史分析法和文本分析法，形成对于中国共产党推进中华民族共同体意识基本经验的总结。这一内容构成本研究的"过程论"部分。具体而言，该模块先就历史分期的标准以及分析结构的判定问题做说明，之后把百年来中国共产党推进中华民族共同体意识的进程划分为五个阶段，分别是从自在到自觉的初步探索阶段（1921—1947）、从自觉到自为的逐渐成熟阶段（1947—1956）、意识成长遭遇曲折与停滞阶段（1956—1976）、意识成长恢复发展与加速阶段（1976—2014）和铸牢中华民族共同体意识的新阶段（2014）。在此基础上，形成对于百年来中国共产党推进中华民族共同体意识每个阶段的基本经验以及全局性的经验总结。

5. 政策助推模块。主要探讨中国共产党是怎样发挥核心优势和优化民族政策的作用机制来推进中华民族共同体意识的。政策供给是中国共产党实现初心使命的重要手段，推进中华民族共同体意识也需要有民族政策的助推。分析阐明党的民族政策在推进中华民族共同体意识中的功能及其作用机制，有助于洞悉本质、把握规律，深刻理解百年来中国共产党推进中华民族共同体意识的基本经验。这一内容构成本研究的"政策论"部分。具体而言，该模块从民族政策对于多民族国家塑造国家民族观念的一般价值出发，搭建结构化分析民族政策功能及其作用机制的"双轮模型"。进而从学理角度分析民族政策推进中华民族共同体意识的要素与结构，形成关于发挥党的民族政策核心优势与优化党的民族政策作用机制的策略、评价与启示。

6. 话语引领模块。重点探讨"铸牢中华民族共同体意识"政策话语的生成发展脉络与构建逻辑。"铸牢中华民族共同体意识"政策话语在我国政治、经济、社会和精神文化生活领域具有明确指导意义和战略价值，成为新时代党的民族政策话语创新推进的最新原创性成果。探讨这一话语的生成与推进过程，了解其发展脉络与构建逻辑，有助于理解党的"话语引领"对于推进中华民族共同体意识的重要价值。这一内容构成本研究的"话语论"部分。具体而言，该模块从初心使命与中华民族共同体意识的话语生成出发，梳理新时代党对民族理论与政策话语的创新推进过程，从中形成对于"铸牢中华民族共同体意识"政策话语发展脉络和构建逻辑的准确把握。

7. 策略部署模块。重点就新时代以来中国共产党推进中华民族共同体意识的目标、原则与路径做梳理阐析。纵览实现第二个百年奋斗目标的国内国际环境，我国发展还面临诸如城乡区域发展不平衡不充分，生态环境保护任重道远，民生保障存在短板等诸多挑战；世界发展面临的风险和不确定性因素明显增加，世界经济增长乏力，治理赤字、信任赤字、和平赤字、发展赤字等问题越来越严重。在这一背景之下，中国共产党审时度势，提出铸牢中华民族共同体意识的目标任务，并且出台一系列策略部署。梳理阐析这些策略部署意义重大。这一内容构成本研究的"策略论"部分。具体而言，该模块从目标导向、基本原则和路径选择三个方面，系统梳理中国共产党推进铸牢中华民族共同体意识目标任务的策略部署。

8. 国际比较模块。该模块从中国场景转向其他多民族国家，选取较具代表性的多民族国家美国、印度尼西亚和尼日利亚，就这些国家塑造国家民族观念的政策实践及其效果进行比较，分析塑造国家民族观念的共性经验与教训。在此基础上，阐述塑造国家民族观念之中国方案的世界意义，并以此作为研究落脚点。具体而言，该模块从国民身份认同与国家民族观念塑造的一般议题入手，分别对三个国家塑造国家民族观念的政策过程进行梳理，经由比较分析这些国家的政策实践对于本国国家民族观念塑造的双重影响，形成关于国家民族观念塑造之中国方案——推进中华民族共同体意识的世界意义。

二、主要观点

铸牢中华民族共同体意识契合于百年来中国共产党"为中国人民谋幸福，为中华民族谋复兴"的初心和使命，扎根于百年来中国共产党解决民族问题、做好民族工作的现实土壤，淬炼于百年来中国共产党维护中华民族实体、塑造中华民族观念、实现中华民族复兴的伟大实践，成为新时代中国民族工作的主线。回顾百年来中国共产党推进中华民族共同体意识的历程，它是在中国共产党顺应客观历史进程的基础上，通过党的理论探索、政策助推、话语引领和策略部署等多个维度持续进行主观人为建构而取得的丰硕成果。在这一进程之中，坚持党的领导居于核心地位，党的民族理论与政策持续创新推进发挥关键作用。分析百年来中国共产党推进中华民族共同体意识的内生性及其引领性，挖掘其历史演进逻辑，概括其民族理论与政策创新发展经验，提出新时代中国共产党铸牢中华民族共同体意识的政策优化策略，提炼塑造国家民族观念之中国方案的世界意义，对于实现第二个百年奋斗目标，全面建成社会主义现代化强国，实现中华民族伟大复兴，让中华民族以更加昂扬的姿态屹立于世界民族之林具有重大价值。

三、研究方法

主要运用文献分析法、规范分析法、历史分析法、政策文本分析法和比较分析法，坚持历史与逻辑相统一、理论与实践相结合的方法论原则，力图系统呈现百年来中国共产党推进中华民族共同体意识的理论与实践。

四、学术创新与价值

习近平总书记指出："党中央认为，党的百年奋斗历程波澜壮阔，时间跨度长，涉及范围广，需要研究的问题多。总的是要按照总结历史、把握规律、坚定信心、走向未来的要求，把党走过的光辉历程总结好，把党团结带领人民取得的辉煌成就总结好，把党推进革命、建设、改革的宝贵经验总结好，把党的十八大以来党和国家事业砥砺奋进的理论和实践总结好。"基于总书记的这一重要指示，本成果从党的百年奋斗历程的跨度和坚守初心使命的高度，从目标生成、内涵探讨、关系阐析、百年践行、政策助推、话语引领、策略部署、国际比较等八个模块搭建分析框架，全面梳理中国共产党推进中华民族共同体意识的理论与实践，全景式、系统化、整体性回顾总结百年来，特别是党的十八大以来中国共产党在推进中华民族共同体意识方面取得的辉煌成果和宝贵经验，为党的二十大献礼，也为继往开来，在第二个百年奋斗目标的指引之下继续推进中华民族共同体意识问题的相关研究与实践提供启发与借鉴。

五、存在问题和需要改进之处

本成果已完成的一些章节内容的完成质量还有提升空间，尤其是对中国共产党的初心使命与推进中华民族共同体意识目标生成的内在逻辑的挖掘上，对中华民族共同体意识的要素构成与结构层次之间关系的分析上，对百年来中国共产党推进中华民族共同体意识基本经验的总结上，以及对新时代以来中国共产党铸牢中华民族共同体意识策略部署的梳理上，存在淬炼程度不够、理论水平不高、概括能力不强的问题。此外，百年来中国共产党推进中华民族共同体意识的相关政策文本的收集与使用较为有限，难免挂一漏万，这些问题都需要在接下来的研究工作中加以改进提高。

六、未完成章节情况

本成果共有 12 处"尚未完成"内容，共计约 1.39 万字。这些内容的分布情况如下：其一，目标生成模块第二节第二个标题"初心使命对于中华民族共同体意识成长的引领"之下，有三个小节没有完成，分别是初心使命为中华民族共同体意识成长提供理论指导、话语助推和政策供给，约 1500 字；其二，内涵探讨模块第二节第三个标题"中华民族共同体的基本内涵"之下，有一个小节"中华民族共同体的'边界'特征及其意涵"没有完成，约 400 字；其三，关系阐析模块第四节第一小节"民族理论对推进中华民族共同体意识的作用"没有完成，约 2000 字；其四，策略部署模块第一节"目标导向：从'四个共同'走向'四个与共'"没有完成，共有三个小节，约 4000 字，这一模块第七节第一小节"观念建构：引导各族人民牢固树立'四个与共'"也没有完成，约 1000 字；其五，本成果的"结语"还没完成，预计从研究过程梳理与结论呈现、还需讨论的议题和研究前景展望三个方面展开写作，约 5000 字。

七、下一步研究计划

2022 年 7—9 月，集中时间精力把 12 处，约 1.39 万字的未完成章节内容以不低于本成果已完成内容的质量标准完成好。2022 年 10—12 月，严格根据评审专家的修改意见建议，对本成果的研究思路、章节目录、主要观点、研究方法等内容进行修订完善，根据工作量的大小确定研究工作实施方案。同时，收集整理建党以来各阶段党的文献文本、购买中共党史相关图书资料、检索获取中外相关电子研究文献整理备用。2023 年 1—6 月，按照研究工作实施方案全面开启新一轮研究工作，用半年左右的时间把评审专家的修改意见建议落实在书稿之中；对"存在问题和需要改进之处"涉及内容加以完善。选择书稿中较为成熟且具有独立发表价值的内容，向"国家社科基金"专刊、国家社科基金《成果要报》和高质量学术期刊投稿；有选择地参加高相关、高级别学术会议与交流活动。2023 年 7—9 月，邀请本学科领域高水平专家进行审读评议，根据专家建议进一步打磨和提升书稿质量。2023 年 10 月，填报结项审核材料，申请结项。

6.5 对申报重点项目却只获批一般项目的反思

在本节，我还想结合自己第二次获批国家社科基金后期资助项目的遗憾做个反思。这个遗憾就是：当时我申报的项目类别是"重点项目"，而最终获批立项的是"一般项目"。必须承认，很多时候，成功缘于各种偶然因素，而失败却带有很高的必然性。让我们获得成长的不是失败，而是对失败的反思。正如查理·芒格所说："告诉我我会死在哪里，我将永远不去那个地方。"希望我的反思能给你带来启示。

6.5.1 根据专家评审意见进行的反思

国家社科基金后期资助项目申报公告中有这样一句话："申请重点项目未达到立项要求、但达到一般项目标准的可立为一般项目。"这意味着，虽然我的申报成果的质量并未达到重点项目的立项要求，但达到了一般项目的立项标准。

那么，我的申报成果到底差在哪里了呢？这个问题的答案，可以从评审专家的反馈意见中寻得蛛丝马迹。申报国家社科基金后期资助项目一旦获批立项，是要参考评审专家的反馈意见来对申报成果进行修改和完善的。虽然我未能获批重点项目，但也立为了一般项目，这就使我有机会看到评审专家的意见，并由此获得非常宝贵的来自专家视角的启示。

4 位评审专家的意见（节选）如下。

意见一：

该成果从党的百年奋斗历程的跨度和坚守初心使命的高度，从目标生成、内涵探讨、关系阐析等八个方面，全面系统地梳理了我党推进中华民族共同体意识的理论与实践，通过总结党的十八大以来中国共产党在推进中华民族共同体意识方面取得的成果和经验，为相关研究与实践提供了启发和借鉴，具有较高的学术价值。

1. 需进一步挖掘和完善对中国共产党的初心使命与推进中华民族共同体意识目标生成的内在逻辑。

2. 需进一步淬炼中国共产党推进中华民族共同体意识基本经验的总结。

3. 在中华民族共同体基本内涵的解读上，倾向于其政治属性，缺乏文化属性层面的探讨。

意见二：

《中国共产党推进中华民族共同体意识的理论与实践》以铸牢中华民族共同体意识的民族工作为主线，从目标生成、内涵探讨、关系阐析、百年践行、政策助推、话语引领、策略部署、国际比较等八个方面对中国共产党推进中华民族共同体意识的若干理论与实践问题进行深入分析，形成了一些较好的结论。然而，该成果最大的问题在于其所做的研究是"中国共产党推进中华民族共同体意识的理论与实践"，围绕历史进程和文本分析进行规范研究，所用的资料大多为二手材料，缺乏作者深入田野的经验分析。同时，该研究成果在政治层面和学术层面都存在一定的问题。第一，部分表述的政治意识存在着问题。第二，有些表述不符合中国共产党百年发展历程的实践。第三，一些论述的学术用语需要再斟酌。第四，文章的部分内容在前后叙述不同问题时有重合部分，如第185页的内外部动机和前文的国内外环境叙述中部分表述有重合。

意见三：

中华民族共同体意识是一个新的马克思主义理论和中国特色社会主义理论概念，这一概念的提出和具体实践，是因为中国共产党在面临百年未遇之大变局。为实现中华民族伟大复兴而提供的理论工具，阐释这一理论的内涵，评估这一理论提出后的实践，具有重要的理论和现实意义。申报成果在两个方面进行了理论创新：第一，比较系统地讨论了中华民族共同体意识的概念、结构和功能；第二，讨论了中华民族多元一体格局和中华民族共同体之间的关系。上述两个问题都是中华民族共同体意识理论丰富和完善的关键问题，尽管讨论并不是很完善，但仍然有比较重要的理论意义。

如果项目能够立项，希望在以下两方面深入开展研究：第一，建议在第一章系统讨论马克思主义民族观、国家观的根本立足点，讨论中国共产党在中华民族复兴过程中通过实践建立的中华民族共同体的观念，再将其与国际流行的国家民族观的核心观念进行对比，突出中国共产党的理论创新；第二，论述逻辑结构应该是话语引领、政策助推、策略部署，话语引领是理论形成和宣传，应该在政策助推之前。政策也不应该局限于民族政策，而应该包括统一战线工作的所有政策，政策对象应该包括全体国民、海外华人。

意见四：

铸牢中华民族共同体意识是新时代中国民族工作的主线，本论回溯百年来中国共产党推进中华民族共同体意识的历史进程，梳理中国共产党推进中华民族共同体意识的理论与实践，分析探讨中国共产党推进中华民族共同体意识的内生性及其引领性，提出新时代铸牢中华民族共同体意识的政策优化策略，具有重要的现实意义与实践意义。本论思路清晰，结构合理，论点明确，是一部学术性、现实性比较突出的论著。如果有补充的话，还需关注推进中华民族共同体意识的全党性、全民性。

可以发现，上述意见属于非常专业的研究领域内部的学术意见，而我在通过修改打磨申报成果来落实这些意见时，以及在对专家意见做出回应（结项时需要提交一份结合专家评审意见的"修改说明"）时，自然也是从学理逻辑呈现和学术探讨的角度进行的。鉴于我对申报成果的修改情况及对于专家意见的回应并不具有通约价值，就不把它们放在这里展示了。

希望我所呈现的这几份实实在在的专家意见对你理解国家社科基金后期资助项目的评审，以及对申报重点项目而只获批一般项目的原因，有一个模糊正确的认识。

6.5.2　对于项目申报过程的反思

除了专家视角外，回顾个人申报过程，我也获得了很多启示。在我看来，如下的几处短板可能是申报重点项目失败的原因。

第一，选题缺乏新意，学术增量不足。如果你对"铸牢中华民族共同体意识"这个研究领域有所了解，就会知道该研究领域其实已经涌现出了大量的高质量研究成果，只是严格意义上的学术专著尚不多见。但是我们得知道，用数量的多少来谈论申报成果价值的高低是不明智的。同时，对照本书第3章"选题策略"里谈及的学术增量问题来看，这个选题也只能算中规中矩。无论如何，这算一个比较明显的短板。

第二，申报成果是我基于个人研究转向而形成的，前期研究积累不充分。如前所述，我基本是到了申报前一年的国家社科基金年度项目时，才开始真正注意到这个议题的，然后在19个月后提交了申报成果。这就导致我在这个细分研究领域的前期成果无论从数量、相关性还是影响力上来看，都比较缺失。之前我的研究实践更多指向民族政治发展、现代民族国家建构、族际政治整合的国际比较等议题，虽然这些议题和铸牢中华民族共同体意识具有很强的相关性，但还是有一定区别。

第三，申报成果的研究容量和评审专家所预期的重点项目研究容量有差距。我提交的申报成果的已完成字数是22.6万字，预计完成稿的字数是25万字左右。这种研究容量的申报成果，应该不容易符合评审专家对于重点项目的期待。

第四，没有获得出版社推荐意见。说起来这也是我的一个小遗憾，由于申报成果的写作并没有按照原定计划完成，导致我在后面没有时间去联系出版社进行评审并获得推荐意见。这样一来，我的项目申请书的"出版社推荐意见"一栏就只能空着。这个因素对于评审结果的影响应该不大，但终归还是让人觉得有点遗憾。

以上就是我结合申报重点项目而只获批一般项目这件事，对这次国家社科基金后期资助项目申报过程的几点反思，希望对你有所启发。

画重点 ————————————————————————————→

申报重点项目而只获批一般项目的原因可能如下。

（1）申报成果完成质量不高，达不到重点项目的立项标准。

（2）选题缺乏新意，创新性较弱，研究议题比较中规中矩。

（3）从数量、相关性和影响力上看，前期研究成果的积累不够充分。

（4）申报成果的研究容量相较于重点项目的要求尚有差距。

（5）没有获得出版社推荐意见。

6.6 我是怎样获批第三个后期资助项目的

除了获批两个国家社科基金后期资助项目外，我还申报过一个国家民委民族研究后期资助项目并且成功获批。本节，我再对这次项目申报的过程进行简单介绍。

如果说之前两个项目获批都是精心谋划的结果，这一次的项目获批则基本属于"无心插柳柳成荫"。情况是这样的：由于之前受邀作为子课题负责人参与了一位同行学者主持的国家社科基金重大项目的申报工作，这个项目后来顺利获批，由此，我就带领科研团队承担起该项目子课题的研究任务。

在两年多的具体研究过程中，我带领科研团队完成一系列阶段性成果的写作任务，一些论文陆续得以见刊发表，一部书稿也开始逐渐成形。于是，我就联系了之前合作过的一家出版社，签订了学术专著出版合同。

"无心插柳"之举就在这个时候出现了。之前我其实也在一直关注和申报国家民委民族研究项目，只是那几年我申报的都是"年度课题"。事实上，在这次获批后期资助项目前，我已经连续4次申报了年度项目，但无一斩获。于是到了这一年，当我看到国家民委民族研究后期资助项目的申报通知发布时，就拨打联系电话咨询了相关情况。而当我得知这个项目如果获批立项，可以在出版著作上注明获得两个项目的经费支持（国家社科基金重大项目和国家民委民族研究后期资助项目）时，就决定申报一下，碰碰运气。

接下来的事情就比较简单了。由于书稿已经完工，也有出版合同，我就只需要填写项目申请书，然后把申报材料打印出来提交就可以了。两个月后，这个项目获批立项。

我不知道这次获批立项的经历是不是类似射击训练技巧里所讲的"有意瞄准，无意击发"。也就是说，其实我早已准备好了，甚至不是为这次项目申报而进行的准备，然后项目申报通知就发布了，我顺手完成申报，于是获批立项。

6.7 第三份中标项目申请书里的"申报成果介绍"

还是老规矩，把我在上一节介绍的获批立项的国家民委民族研究后期资助项目课题申请表里的"申报成果介绍"放在这里，供你参考。我的申报成果名称为"全球化、身份认同与统一多民族国家建设"。

本成果的选题意义、主要内容、主要观点、研究方法、应用价值或学术价值；目前存在的问题或需要改进之处；未完成部分情况，下一步研究计划。（此栏目不超过 4000 字）

本成果为 21 万字的书稿《全球化、身份认同与统一多民族国家建设》，已和 ××× 出版社签订出版合同。合同详情见附件。

一、选题意义

党的二十大报告在研判当今世界格局时指出："世纪疫情影响深远，逆全球化思潮抬头，单边主义、保护主义明显上升，世界经济复苏乏力，局部冲突和动荡频发，全球性问题加剧，世界进入新的动荡变革期。"当今世界格局的发展走向极具风险和不确定性，全球化也展现出其前所未有的复杂面向。一个基础性悖论在于，全球化进程在不断消解国家认同，而现代民族国家是建立在"民族认同国家"基础之上的国家形态，国家认同构成民族国家权力合法性的来源。可以发现，全球化和民族国家存在持续不断的张力，两者争夺的焦点是社会个体的身份认同。从民族构成角度观察，当今世界绝大多数国家都是多民族国家，而多民族国家建设被普遍认为是保有和增进国家认同、维系和巩固国家权力合法性的重要途径。

本成果从分析理解百年未有之大变局的三个关键词——全球化、国家认同和多民族国家建设及其交互关系入手，对全球化场景中社会个体身份认同困境的生成逻辑进行学理分析，对多民族国家建设与国家认同的内在关联进行系统阐释。以此为基础，本成果遵循从普遍到特殊的研究逻辑，将研究视野聚焦中国，对近代以来中国统一多民族国家建设进程做历时梳理，尤其对新中国成立以来中国共产党维护统一多民族国家认同的成功经验进行概括，同时也对中国式多民族国家建设的价值与面临的挑战进行审视。始终坚持中国共产党的领导，基于"超大规模共同体"的中国 / 中华文明底层结构不断凝聚社会价值观共识、思想共识、文化共识与命运共识，推进族际和谐基础上的中华民族共同体建设，推进民族事务治理体系和治理能力的现代化，以整体性治理实现民族地区基本公共服务均等化等，共同构成中国式多民族国家建设的基本策略。该策略体系对当今世界多民族国家建设具有重要参考价值与借鉴意义。

二、主要内容

本成果由绪论、七章正文和余论共同构成。

绪论从 2008 年全球金融危机以来全球化发展新态势对民族国家构成的内外挑战入手，

审视民族国家存在的合理性，提出研究议题，搭建全球化场景中的多民族国家建设研究框架。

第一章旨在分析理解世界百年未有之大变局的三个关键词，即全球化、国家认同与多民族国家建设。在对作为世界发展趋势和学术界研究对象的全球化进行梳理的基础上，对时空叙事中的全球化进行系统反思；在回溯国家认同研究的兴起及其进展基础上，指出国家认同是影响民族国家前途命运的中介变量；在对民族国家、现代民族国家与多民族国家进行概念辨析的基础上，探讨多民族国家建设的生成逻辑与普遍方案。

第二章围绕全球化场景中国家认同危机的生成逻辑展开探讨。在全球化场景中，曾经囿于多民族国家分析单位内的个体身份认同出现位移趋势。纵向看，超国家、跨国家、次国家行为主体在和国家争夺身份认同；横向看，社会实体组织和网络虚拟社群也在和国家争夺身份认同。由此，伴随"我们是谁"答案的碎片化和复杂化，国家认同面临危机。

第三章重点阐析多民族国家建设与国家认同的内在关联。多民族国家建设由民族建构与国家建构两方面构成，民族建构是其内核建构，国家建构则是其外观建构。民族建构可以协调族际关系、形塑国家民族、凝聚国族意识，从而巩固国家认同根基，培育国家认同主体，达成国家认同共识；国家建构有助于廓清主权边界、建设制度体系、确立现代民主，从而为国家认同提供政治基础、治理框架和合法资源。

第四章着重对多民族国家中的个体身份认同进行谱系分析。鉴于全球化场景中个体身份认同的纵向迁移和横向离散，以往基于"政治－法律"与"文化－心理"的双分联动来分析身份认同的传统研究范式已不再适用。本成果尝试以"政治－法律"为纵坐标，以"文化－心理"为横坐标，围绕坐标原点绘制次国家、国家、跨国家和超国家四个同心圈层，进而根据不同行为主体在圈层中的位置分布来表征个体身份，提出多态重叠的身份认同研究新范式。

第五章旨在梳理中国统一多民族国家建设的基本线索。"冲击－回应模式"为理解清末民国时期中国现代民族国家早期建构提供了重要启示。及至新中国成立以来，中国共产党领导广大人民群体开启当代中国统一多民族国家建设事业，经历社会革命背景下的基础布局、强国建设背景下的曲折探索以及改革开放背景下的全面推进而来到新时代。新时代以来，中国共产党实施一系列重要举措，全力推进中国式多民族国家建设，取得举世瞩目的成就。

第六章集中探讨中国式多民族国家建设的价值与挑战。当代世界多民族国家面临全球性的普遍冲突，中国式多民族国家建设则是回应这些冲突的本土解决方案。同时，面对两类民族主义的张力及其新动向对当今世界多民族国家的普遍挑战，铸牢中华民族共同体意识、构筑中华民族共有精神家园、建设中华民族现代文明是回应这一挑战的中国方案。从身份认同视角审视中国式多民族国家建设，可以发现该方案是基于个体身份认同的主体性与正当性而设计的，形成一套助力国家认同的体制机制与制度。

第七章重点概括中国式多民族国家建设的策略体系及其世界意义。"超大规模共同体"是理解中国／中华文明的分析框架，也是推进中国式多民族国家建设的认知基础。在中国共产党的领导下，凝聚社会共识以实现民族与国家的深度勾连、推进族际和谐基础上的中华民族共同体建设、推进民族事务治理体系和治理能力现代化、以整体性治理实现民族地区基本公共服务均等化，构成中国式多民族国家建设的策略体系。该策略体系将本国特色、本土文化与多民族国家建设一般规律相结合，具有世界意义。

余论就多民族国家建设的两个元问题，即"谁来建设"和"建设什么"进行解答，审视多民族国家建设中"身份认同"的重要价值。

三、主要观点

若想理解世界百年未有之大变局，不能绕开全球化、国家认同和多民族国家建设这三个关键词。全球化构成民族国家置身其中的时空场域，而全球化纵深发展的复杂趋向也给民族国家的存续提出一系列挑战；国家认同是维系民族国家合法性的底层逻辑，也因此成为民族国家发展的前提与基础，保有和增进国家认同是当今世界每个多民族国家的核心战略，而多民族国家建设被视为保有和增进国家认同的重要途径；多民族国家建设是拉近国内各民族心理距离、促进族际政治整合、推动国家治理现代化的必要途径，也是身居大变局叙事中的当今世界多民族国家实现存续发展的系统解决方案。

无论是中心全球化的"去中心化"还是浪潮全球化的"小趋势化"，全球化都构成影响世界百年未有之大变局的关键变量。与之相伴随，个体身份也变得支离破碎、分崩离析。将以往个体身份认同研究中的"双分联动"范式转换为"多态重叠"范式，可以回应传统研究解释力不足的问题。在多态重叠的身份分析谱系之下，多民族国家依然是个体身份认同的参照，通过多民族国家建设来提升国家对个体身份认同的干预能力，保有和增进国家认同，是当今世界多民族国家的共同任务。

作为一个有着五千多年文明史的古老国度，近代中国面临怎样从一个大一统的封建帝国转型成为现代民族国家的历史任务。从外观形式上看，要赋予国家一种现代民主国家的外部形态；从内核塑造上看，要使国家拥有国家民族的内在忠诚。近代中国是在外敌入侵引发民族危机的背景下开启国家形态转型的，并且伴随中国现代化的进程徐徐展开、步步推进。清末民国时期中国对现代民族国家建构的早期探索过程曲折、举步维艰，但其经验教训对新中国成立以来，特别是改革开放以来的统一多民族国家建设具有重要启示。中国的统一多民族国家建设既遵循世界范围内的普遍经验和一般规律，也兼顾中国独特的国情实际与文化传统。在中国共产党的坚强领导和全体人民的共同努力下，我们走出了一条中国式多民族国家建设道路，创造了人类文明新形态。这种"兼顾"的本质，是在确保中华民族核心利益的前提下，在实现中华民族伟大复兴的进程中，持续化解全球性和本土性、普遍规律与国情实际的张力。

中国式多民族国家建设的特色与优势在于中国共产党的领导。在中国统一多民族国家建设进程中，中国共产党充分发挥领导核心作用，坚持把马克思主义基本原理同中国具体实际相结合、同中华优秀传统文化相结合，以马克思主义中国化的理论创新来指导这项建设事业的开展。中国统一多民族国家建设是在以中国式现代化持续引领社会主义各项事业蓬勃发展，坚持以人民为中心全面推进中华民族伟大复兴的时代背景下展开的，形成了中国式多民族国家建设的策略体系。该策略体系对当今世界其他国家的多民族国家建设具有重要启示与参考价值。

四、研究方法

第一，文献分析法。应用于研究全程，通过相关文献知识整理获得对全球化、国家认同、多民族国家建设等核心概念和中国式多民族国家建设等关键提法基本内涵的把握，形成对多民族国家建设与国家认同内在关联的认知。第二，系统分析法。主要用于身份认同范式从双分联动到多态重叠转换的研究，从系统与要素关系范畴出发，实现对于这一身份认同范式的呈现。第三，规范分析法。应用于研究全程，特别是全球化场景中国家认同危机的生成逻辑，中国式多民族国家建设的价值与挑战，中国式多民族国家建设策略体系等内容的研究，形成对以上研究内容的学理分析结论。第四，历史分析法。主要用于近代以来中国统一多民族国家建设基本线索的历时性梳理。

五、应用价值或学术价值

第一，提出全球化场景之中经由国家认同这一"中介变量"理解多民族国家建设的研究框架；第二，提出多态重叠个体身份认同研究新范式，以此应对传统双分联动研究范式在全球化纵深发展背景下解释力不足的问题；第三，提出中国式多民族国家建设议题，尝试概括其策略体系、价值逻辑及世界意义。上述知识生产可以为该领域相关议题的研究提供文献参考与理论借鉴，也可以为相关部门的政策决策和方案实施提供现实启示。

六、目前存在的问题或需要改进之处

第一，对全球化场景中的个体身份认同谱系分析与范式转换的研究，目前还只停留在理论规范意义上的逻辑"应然"层面，没有经过"实然"层面的现实验证；第二，对中国式多民族国家建设策略体系的概括提炼还不够充分、完整和系统；第三，对全球化、国家认同和多民族国家建设之间交互关系的分析与思考还有待加深。

七、未完成部分情况

无。

八、下一步研究计划

根据项目评审专家、出版社审稿专家提出的宝贵意见建议，结合项目负责人与课题组成员的自查自纠，继续修改、打磨和完善本成果，力争出版高质量学术专著。

6.8 持续获批立项后期资助项目的 4 点建议

在以上章节中，我逐一介绍了自己 3 次中标后期资助项目的过程，也把项目申请书（或课题申请表）里最具"干货"意义的"申报成果介绍"展示了出来。在本书的最后一节，我想做一个全局性复盘，那就是如何才能持续获批立项后期资助项目。曾国藩提出的湘军作战原则叫"结硬寨，打呆仗"。在我看来，申报后期资助项目也要遵循同样的逻辑。

6.8.1 提早布局，围绕核心议题持续产出

凡事预则立，不预则废。提早进行规划布局，围绕核心研究议题进行持续的学术产出，是我能想到的第一个建议。

比较之前 3 次获批后期资助项目的过程，最没有把握的显然是第一次，因为时间紧，任务重。但是时隔这么多年再回头进行反思，这次中标除了的确运气好外，还有一点就是我在这个研究议题上进行了长期的积累和持续的产出。在某种意义上，我之前 5 年多的努力都是在为这一刻做准备，等待着这次后期资助项目的申报。这也是我有机会在 3 个月左右完成申报成果写作的核心原因。

对于第二次申报后期资助项目，虽然投入申报成果写作中的时间有 19 个月之久，可我对于这个研究议题的关注也就只有这 19 个月。由于布局较晚，后来

再怎么持续发力，毕竟前期研究基础薄弱，也就没有长期深入的思考，因此才造成了申报重点项目却只获批一般项目的结果——我认为获批一般项目也有运气成分，弄不好也会是竹篮打水一场空。

结合两次中标国家社科基金后期资助项目的经验和教训，我的建议是最好提早布局，在一个研究议题上进行长期的积累和持续的产出，正如我第一次中标之前做的那样；然后在具体写作申报成果时，给自己留一个相对宽松的写作周期，以踏踏实实地完成写作，正如我第二次中标之前做的那样。这两者相结合，等于是给自己提供了"双保险"，中标率会极大提升。

这也是我在申报国家民委民族研究后期资助项目时，心里很有底气的原因，这次项目申报基本就是对"双保险"的验证。等到公示的时候，我发现自己申报的项目名称，排在公示名单的第一行。

6.8.2　集思广益，广泛听取他人宝贵意见

"一个篱笆三个桩，一个好汉三个帮。"我两次中标国家社科基金后期资助项目，其实都是集思广益，广泛听取同行专家学者宝贵意见的结果；在写作国家民委民族研究后期资助项目的申报成果时，出版社编辑的修改意见也对提升它的质量起到至关重要的作用。

第一次申报时，我是先拟定了申报成果的名称，然后搭建了由章、节、目3级标题构成的写作框架（目录），之后就厚着脸皮，斟词酌句，把自己的诉求编辑成一封邮件，陆续发给了十几位我认为的一线专家学者，请求其帮助。其中多数专家学者是通过开会或者听讲座而有过一面之缘的，甚至还有我不曾见过面的大学者。

然后有接近半数的专家学者给我回了信，有的对我进行了勉励和夸奖，也指出了写作框架中存在的问题和不足，居然还有专家学者洋洋洒洒地给我写了近千字的、条分缕析的修改意见。这些勉励和建议对我申报项目发挥了3个方面的重

要作用：一是让我有了斗志和勇气，下定决心完成好这部书稿的写作；二是让我得到了点拨，留意到之前不曾留意的问题和短板，极大地提升了书稿的质量；三是让我找到了推荐人——如前所述，当时的国家社科基金后期资助项目申请书里有个"推荐人意见"栏，申请人需要获得 3 位同行专家对于申报成果的推荐意见才能申报项目。

此外，还有一个意外之喜：在给我回信的大学者中，有一位在我这次请教两年后招收我去做了他的博士后，他成了我的博士后合作导师。时至今日，我们依然保持着高频的学术合作与交流。

第二次申报时，虽然没有再找同行学者帮忙提意见，但是不要忘记，我这次申报的研究议题是从上一年度国家社科基金年度项目选题转换过来的，而在填写上一年度国家社科基金年度项目的申请书时，我咨询了不下十几位同行学者。只是这一次我请教的同辈学者居多，我已经不太好意思再去麻烦前辈专家了。

到了第三次申报，由于之前已经和某出版社签订了出版合同，书稿也已经完成，也就没再"集思广益"。但是我从出版社的编辑那里得到了非常宝贵的修改意见，我所提交的申报成果也正是经过相应修改和完善后的书稿。

所以我在这里想特别指出，我们应该有意识地在自己的研究领域内结识更多的同行专家学者。一个人的知识储备也好，认知结构也罢，总会存在这样或那样的短板。因此有的时候，往往只需同行的一句话，我们就有可能打开一扇通往新世界的大门。当然在别人请教我们的时候，我们也要在力所能及的范围内提供帮助，这也是我带着满满的诚意来写这样一本书的初衷。

6.8.3 形式规范，别让小任性酿成大损失

对于广大青年学者而言，在学术写作中努力做到形式规范，再怎么强调都不过分。

如前所述，我是国家社科基金项目成果鉴定专家，教育部学位与研究生教育

发展中心硕博学位论文的评审专家，也是包括 CSSCI 期刊在内的多家学术期刊的投稿论文外审专家，更别提我也有自己带的本科生、硕士生、博士生，指导他们进行学术写作也是我的日常工作。以我的个人经验来讲，无论是课题论证活页、结项成果还是论文（包括开题报告）的写作，那些连基本的形式规范都做不好的成果，很难在评审中获得好的结果。

也正因为如此，当我在申报后期资助项目时，都会尽我所能地在提交申报材料前，先把形式规范工作做到最好。多年的评审和指导学术写作的经历，让我有了一个"重要读者"的视角，对于这一视角的强调也贯穿在本书的写作中。这个视角要求我们在进行学术写作时，时常停下来问问自己：对于这样的呈现方式，如果我是评委，我会怎么想？

要知道，能成为审读我们项目申请书和申报成果的那些评委，都是多年从事学术写作，并且在各自研究领域取得足以让其成为评委的成绩的人。这样的人，多多少少都会有一点文字上的"洁癖"的——他们会非常不情愿在审读过程中看到错别字、词不达意、搭配不当、句子不通顺、关键表述不一致、同一级标题采用不同的序号样式或字体字号等情况。发现一处半处也就忍了，毕竟在这类事上要想做到百分之百正确也的确不容易，但要是一眼看去全是形式不规范问题呢？我向你保证，任何一个评委都会抓狂的，因为我也是评委。

如果学术写作的内容质量不高，这只是反映出我们的能力有问题，可如果我们连形式规范工作都做不好，就很可能被怀疑存在态度问题。申报后期资助项目时，如果我们的态度都被评委质疑，结果可想而知——谁会愿意为一个连态度都不端正的申请人投赞成票呢？

当然，如果你非要认为形式规范工作不重要，认为不是每位评委都像我一样看重形式的规范性，总有评委愿意透过你"邋遢的外表"去发现你"优秀的内在"，就是要在这个问题上"不拘小节"、任性，也是可以的，只要你愿意承担可能的代价就好。

6.8.4　内容为王，申报成果的质量才是最重要的

形式规范虽然重要，但它也只是问题的次要方面，是一种基础性的、保底的、门槛级别的要求，做得再怎么完美，也只能算是锦上添花。最终决定申请的项目能否获批的是申报成果的质量。

说来说去，内容为王——申报成果本身的质量才是最重要的。这也是为什么本书的第 5 章"申报成果写作"是占用篇幅最大的一章。申报成果对于后期资助项目的获批立项而言，占有最大的权重，是正餐；其他的申请资料，比如申请书、查重报告、博士学位论文或者博士后研究报告的原文之类的，说起来都只能算是餐前甜点和餐后的水果。

这也是我在申请后期资助项目时，总是要先把申报成果完成之后再去写申请书的原因。我建议你也按这样的顺序来展开自己的写作工作。而且，留给申请书的写作时间有两三天就已足够，最多一周。相对而言，申请书没那么重要，甚至没必要绞尽脑汁地把它写得太好。毕竟越是把申请书写得天花乱坠，评委对申报成果的期待就会越高，而期待越高往往失望越大，反而会干扰评委对申报成果的质量的判断。

一旦看透这一点，你就知道该把你的时间和精力投入哪里了。

画重点 ━━━━━━━━━━━━━━━━━━━━━━━━━➡

持续获批立项后期资助项目的要义在于"结硬寨，打呆仗"。

（1）提早规划布局，围绕核心议题持续进行学术成果的产出。

（2）做到集思广益，既广泛征询行业专家的专业意见，又虚心听取学术同人的真知灼见。

（3）重视形式规范，别让"邋遢的外表"阻碍你获批立项。

（4）牢记内容为王，申报成果本身的质量才是你的核心竞争力。

后 记

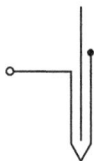

这本书能够付梓，我要感谢很多人。

首先是清华大学出版社的顾强老师，感谢他让我有机会和人民邮电出版社的专业团队进行接触。没有这次接触，也就不会有现在的合作。其次我要感谢李莎副社长，在过去一年多的时间里，我和她的交流非常愉快，没有她的鼎力支持，这本书很难通过选题审批，列入出版计划——毕竟这只是一本针对小众读者、细分市场的社科类图书，相信李副社长一定克服了很大阻力，承受了很大压力才最终促成这本书的立项。接下来是牟桂玲老师，为了保证这本书的规范性和出版质量，牟老师做了大量辛勤、细致而又专业的工作，以至于当我在案头翻开这本书的清样时，都有点儿不相信自己的眼睛。正是由于牟老师的努力，才让这本书能以现在的样貌呈现在你的眼前，我要对牟老师表达由衷的谢意。最后，我还要感谢那些一直以来关注"老踏谈科研"和"青椒计划UP"公众号，不断在留言和私信中鼓励我、认可我的用户，没有你们的支持，科研经验技巧分享的这条路，我不可能坚持走到现在。

下面还是回到我们科研人，回到项目申报这件事上来说说我的感触。

申报各级各类科研项目是科研人的处境。所谓在其位，谋其政。只要你还是一个科研人，还在科研一线工作，那么申报科研项目这件事就势在必行。

每次为获批项目（也就是本书书名里所说的"拿课题"）而进行努力的时候，你肯定会热切盼望项目立项那一天的到来，觉得到了那个时候，你就解脱了。可事实显然并非如此——怎么可能，哪有这样的好事！等你获批立项了，用不了多久你就会懂得，只是你的处境变了，你的状态从申报项目切换到落实项目了，但这种处境是在变好吗？并没有。因为你现在要把自己申报项目时画下的那张大饼，实实在在给它烙出来。当时的豪言壮语，变成了你现在必须要去啃的"硬骨头"，甚至变成你的噩梦。

套用钱锺书先生在《围城》里说的那句话，项目就像一座围城，城外的人想进去，城里的人想出来。而当你好不容易逃出来，我们可以打赌，用不了多久，你肯定还想进去。为什么？因为拿不到科研项目你还是会愁的，科研绩效考核指标就那么明晃晃地摆在你的眼前，没有科研项目，怎么在这个圈子里谋生存、求发展？

那么，这里的启示是什么？难道只是我的一种情绪宣泄，只是希望在你看过这本书之后，再来听听本书作者的吐槽吗？当然不是。在我看来，这种现实要求我们科研人把申报项目的"里程碑思维"切换到"处境思维"。而一旦切换到"处境思维"，你就会发现申报和获批各级各类后期资助项目的好处。

我们还是做一个比较。每次年度科研项目的获批立项，意味着在接下来的两到三年甚至更长的科研周期里，你将会被这个项目"套牢"，你将置身于完成这个科研项目研究成果 KPI（Key Performance Index，关键绩效指标）的处境里——哪怕这些 KPI 都是你在申报项目的时候自己设定的。而申报后期资助项目的情况就不一样了：因为我们在为申报这个项目而进行申报成果（书稿）写作的时候，我们并没有被"套牢"，我们作为科研人的自由度和开放性会一直保持到提交后期资助项目申报材料的那一刻。而且获批立项之后，我们也不必为完成科研成果的 KPI 而过分担心，因为我们其实已经完成了（至少完成了 80%）。

怎么样，是不是有一种恍然大悟的感觉？年度项目的申报就像是一场非对称性的游戏，申报的过程可能很轻松，但结项时就会变得异常艰难；相比之下，后期资助项目的申报则完全没有这个问题。对于后期资助项目，你只需按照自己的节奏稳步推进，持续努力，一切都在你的掌控之中。至于说到立项和结项，它们之间更像是一种平滑的过渡过程，不会像年度项目那样由于申报和研究之间的非对称性而带来痛苦的感受。

在这个万物复苏的季节，我在计划写两本著作：一本用来申报国家民委民族研究后期资助项目，另一本用来申报教育部哲学社会科学研究后期资助项目。从事科研工作这么多年，我发现这种自主决定的研究和写作，真的非常符合我的气质。如果你和我一样对科研工作心存敬畏，并且对科研人的处境感同身受；如果你也和我一样想做一个长期主义者，希望在自己热爱的研究领域持续深耕，那么，获批各级各类后期资助项目将是对你保持科研热情、不断成长的最佳肯定。

我整理了一份申报后期资助项目的资料，包括我个人 3 次中标后期资助项目的项目申请书、结题审批书、最终成果简介原稿，以及申报后期资助项目的其他重要文件。如果你希望获得这份资料，可以通过扫描本书配套书签上的二维码来获取。希望这份资料也能和这本书一样帮到你。

老踏

2025 年 2 月 25 日